仙居

XIANJU

CHUANTONG CUNLUO DIAOCHA

传统村落调查

庞乾奎◎著

浙江大学出版社

ZHEJIANG UNIVERSITY PRESS

全国百佳图书出版单位

图书在版编目（CIP）数据

仙居传统村落调查 / 庞乾奎著. — 杭州 ：浙江大
学出版社，2021.6
ISBN 978-7-308-21716-3

Ⅰ．①仙… Ⅱ．①庞… Ⅲ．①村落－调查报告－仙居
县 Ⅳ．①K925.55

中国版本图书馆CIP数据核字(2021)第175903号

仙居传统村落调查

庞乾奎　著

责任编辑　季　峥（really@zju.edu.cn）

责任校对　潘晶晶

封面设计　项梦怡

出版发行　浙江大学出版社
　　　　　　（杭州市天目山路148号　　邮政编码　310007）
　　　　　　（网址：http://www.zjupress.com）

排　　版　杭州林智广告有限公司

印　　刷　杭州高腾印务有限公司

开　　本　710mm×1000mm　1/16

印　　张　13

字　　数　213千

版 印 次　2021年6月第1版　2021年6月第1次印刷

书　　号　ISBN 978-7-308-21716-3

定　　价　68.00元

目 录
CONTENTS

民俗文化型

俗信文化型

生态文化型

导 言

探索传统村落的文化基因

绵绵瓜瓞，民之初生，自土沮漆。古公亶父，陶复陶穴，未有家室。
古公亶父，来朝走马。率西水浒，至于岐下。爰及姜女，聿来胥宇。
周原膴膴，堇荼如饴。爰始爰谋，爰契我龟，曰止曰时，筑室于兹。
　　　　　　　　　　　　　　——《诗经·大雅·文王之什·绵》

　　当城镇化浪潮席卷城乡大地，当守候"乡愁"成为最后的精神家园，传统村落引起了全社会的关注。那么，究竟何为传统村落？传统村落的基因是什么？2012年，住房和城乡建设部（简称住建部）等四部委发布的《关于开展传统村落调查的通知》明确规定："传统村落是指村落形成较早，拥有较丰富的传统资源，具有一定历史、文化、科学、艺术、社会、经济价值，应予以保护的村落。"随后，住建部制定了有关传统村落认定的指标体系。

　　本书以浙江仙居29个传统村落的实地调查为基础，从传统村落的现代处境切入，继而探讨传统村落在文化价值方面的基因意义。笔者尝试将传统村落的文化类比为有机体的基因，剖析传统文化的不可为性和物质性、乡土性或地域性、信息性和传递性等特征。在此基础上，对仙居传统村落的调查实例进行分类整理，将仙居传统村落划分为耕读文化型、商旅文化型、慈孝文化型、民俗文化型、俗信文化型和生态文化型六种类型。

一、现代性浪潮中的传统村落

　　发端于20世纪90年代的快速的城镇化使得现代性浪潮席卷中国的城乡大

地，众多传统村落也以新的生活方式、新的经济价值和形式参与到这股现代性浪潮中。随着生活水平的提高，小洋房、小汽车等象征着现代性的生活用品成为村民们的日常需求，与此同时，传统村落也成为"艺术进村 [①]、文化下乡和产业植入 [②]"的热点。

这样，原本普通寻常的传统村落便成为现代性浪潮的另类珍稀空间，也成为"乡愁"情结的物质空间载体。它们之所以被重视、被关注，是因为传统村落或许能够成为逃避或抵抗现代性的最后家园。然而，随着社会结构演化、生活方式现代化以及各类投资热潮的涌入，传统村落在空间形式、功能、甚至美学等领域的现代性转型在所难免，其自身也"辩证"地成为另一种类型的现代性。这一点从仙居李宅村将两座小宗祠分别改为养老中心的"康乐食堂"和希望小学的事例中便可见一斑。

现代性浪潮中的传统村落转型，迫使我们思考传统村落作为城乡社会基本单元的作用。如果将之类比为细胞，那么它的基因是什么？这些基因又如何能在现代性浪潮中得以传承？这正是我们对浙江仙居县域范围内 29 个传统村落进行调查研究的初衷。

二、传统村落调查的文献"热"

自 2012 年住建部、文化部、国家文物局和财政部联合批准首批国家级传统村落以来，经过 2013 年、2014 年、2016 年、2017 年，先后共批准 5 批国家级传统村落（6819 个），众多传统村落资料调查和申报则是这些审批的前置条件。

追随陈志华、李秋香等前辈关于传统村落调查工作的脚步，当代社会各界也开展了众多相关的研究。浙江省建设厅以"乡愁"为主题，以在全省范围内选择的优秀传统村落为例，汇编成两卷本的浙江图经。清华大学建筑学院系统汇编了《浙江临海市传统村落》三卷本（待出版），详尽整理了传统村落的空间格局、街巷肌理、建筑类型、环境要素等内容。冯骥才为传统村落田野调查编制

---

① 艺术进村是指欧宁和左靖等人试图通过将艺术引进到黄山碧山镇乡村从而激活乡村发展的"碧山计划"，一时成为热议。

② 传统村落产业植入更多地表现为旅游业的兴起，安徽西递和宏村、浙江诸葛村等均是因旅游业而快速发展。除旅游业作为复兴传统村落重要产业外，其他如企业会馆、疗休养基地等商业产业也顺势植入传统村落。

了技术指南性质的手册，该书以图片为主、文字为辅，展示了 20 个传统村落的概况。吴志刚、吴维龙主编的《台州古村落》分为"故乡记忆""梦里老家""故土拾遗"三个部分，图文并茂地介绍了浙江台州 65 个典型古村落。该书对于传统村落图像资料保护、文化宣传推广等具有重大意义。

上述文献对于进一步推进传统村落保护与发展的研究具有重要价值，然而上述文献都很少触及本书所提出的问题。尽管如此，众多长期致力于传统村落保护工作的专家学者，已经意识到挖掘传统村落基因的重要性。本书即是在中国传统村落保护中心李华东秘书长的启迪下进行的一次尝试，是从文化的角度剖析传统村落的内在基因。

三、传统村落之于细胞和文化之于基因

剖析基因，必须先寻找细胞。本书将传统村落类比为城乡空间的组成细胞，不需过多解释这一类比的可行性，重点在于拿什么去类比细胞的基因。在此，我们不妨先简单看看基因有什么属性。

基因支撑生命的基本构造，储存生命种类的全部信息，是决定生命的内在因素，其主要有物质性和信息性双重属性，前者使生命得以存在，后者使生物的特征得以传递。那么，对于传统村落来说，究竟是什么内在力量使得它们历经千百年而存续？

本书将传统村落的文化特性类比为细胞的基因。此想法一方面来源于学者刘朝晖教授的启发，刘朝晖认为文化有穿墙凿壁的能力，即使物质空间不存在了，文化还是能够延续下去；另一方面来源于对文化特性与基因特性的相似性思考，两者都具有不可为性和物质性、乡土性、信息性和可传递性等特征。

在剖析文化特性之前，不妨先思考一下何为文化。约翰·布林克霍夫·杰克逊将"乡土文化"定义为一种遵守传统和习惯的生活方式，完全与广大的政治和法律统治的世界隔离。在这种文化中，人们的身份、地位不是源于对土地的永久占有，而是来自其从属的群体或者大家庭。这与阿摩斯·拉普卜特把文化定义为"一个社会的观念、制度和习俗性活动的综合"大同小异。从约翰·布林克霍夫·杰克逊和阿摩斯·拉普卜特有关文化的"传统和习惯""观念、制度和习俗性

活动"阐述中，可以推导出文化的某些"基因"属性，如不可为性和物质性（地域性或乡土性）、信息性和传递性（稳定性）。

四、传统村落文化的"基因"属性

不可为性和物质性

"不可为性"是传统文化的首要特征，是以"不可为"的文化力量作用于"可为"的物质之中，从而起到首要作用。譬如，在调查中，我们发现，不会有任何村民愿意在庙宇、宗祠、坟地旧址上新建村民住宅，也不会有村民愿意让自家住宅正对着道路（不管是何道路），因为他们认为这不吉利；村民住宅也不会朝向正南建造，因为只有皇家、宗祠、庙宇等官式建筑才有资格朝向正南。语言、风俗、饮食也是如此：抑扬顿挫、略显生硬的方言，儒释道合流的仪式，八大碗饮食文化等，一样有着特定名称和意义，或许只有那些居住在这些传统村落中的居民们才能理解。"不可为"的文化力量深嵌于传统村落的血脉之中。由此可见，这些"不可为"的文化力量具体表现为思想、观念和风俗，渗透进人们的日常生活之中。

乡土性

基于文化词源考察，可以看出文化的物质性与地域有着密切的关系，表现出乡土性特征。乡土（vernacular）意味着本地的、非官方的，主要包括语言和民间风格。常青教授在《宅形与文化》译序中强调阿摩斯·拉普卜特的核心概念"vernacular"所指的是"源于地域性的农耕文明"，"并未强调社会形态造成的城乡差别，而是接近汉语中'风土'一词的含义"，从而对"工匠建造"的民间建筑产生影响。约翰·布林克霍夫·杰克逊从装饰风格的角度描述乡土地方文化的其他方面，从而指出了文化与土地耕作、生活方式的密切关系构成其传统村落的乡土性特征。值得注意的是，乡土性不仅指地理环境，更意味着对乡土地域的理解，是从人出发对土地的理解。

信息性和传递性

信息性和传递性是传统村落文化的第三个特征。正如基因一般，传统村落蕴含了乡村信仰、宗族血缘、集体习性、民俗习惯、交往行为、建筑风格等，用阿摩斯·拉普卜特的话来说，这些信息以一种非语言形式被编码进建成环境之中，并呈现出独特的意义。作为建成环境的物质空间有着对抗时间的特性，从而使得上述被编码进建成环境的信息能够在传统村落中不断得以传承。由此，传统村落的信息性和传递性构成了其内在力量，成为其社会构成、物质空间延续和存在的内在逻辑。从仙居传统村落的调研中便可发现上述社会信息，吴姓高迁、李姓李宅、王姓上王、朱姓朱溪等单姓村在仙居传统村落中比比皆是；高迁"川"字形空间格局、李宅大小宗祠、三透九门堂、大院里等建成环境都蕴藏并传递着这些传统村落的信息。正是这些传统村落的信息性和传递性，奠定了其作为乡村社会的稳定性。

总之，上述传统文化的不可为性和物质性、乡土性、信息性和传递性等特征，构成了传统村落的基因特性。这为仙居传统村落调查进行类型学研究奠定了基础，使我们得以从李宅"十训八诫"、高迁"耕读传家"、枫树桥"孝廉治家"、皤滩"无骨花灯"、十都英"彩石镶嵌"、朱溪"龙灯会"等非物质和物质文化遗存中一窥仙居传统村落的文化基因。

五、仙居传统村落的文化类别

仙居地处浙江东南山区，苍山、大雷山和白塔平原构成了仙居盆地型地理空间，母亲河永安溪自西向东贯穿仙居全境，各条支流都汇集到永安溪干流，从而构成了仙居"八山一水一分田"的总体地形地貌特征，其中神仙居、景星岩因其山形俊美享誉国内外，也使得仙居具有"多神仙之地"之称。正是这片土地，成为仙居传统村落生成、发育和兴衰的空间舞台，并形成了丰富的历史文化传统：距今七千年的下汤文化遗址、八大奇文之一的蝌蚪文、皤滩村的龙形古街，以及如晚唐诗人项斯、宋代《菌谱》作者陈仁玉、元代诗书画三绝柯九思、明代御史吴时来等众多历史名人。优美的自然环境和丰富的历史文化构成了仙居传统村落的物质载体和文化本质。

本书不仅以长期调研所获得第一手资料为素材，还综合了社会学、历史学、地理学、城乡规划学和建筑学等相关知识，采用描述的而非实证的、综合的而非分析的、小叙事而非大叙事的方法，力求描绘出不同文化类型的特定传统村落，剖析其文化基因，并在文化类型分类的基础上，对每个村落分三部分进行描述，分别是村落概况、村落格局和典型建筑、村落文化和民俗。

在上述基础之上，基于众多传统村落文化特性描述和总结，我们提炼出耕读文化、商旅文化、慈孝文化、民俗文化、俗信文化和生态文化6个方面的文化基因，并根据这些文化类型，对29个传统村落进行分类整理，以期窥探传统村落的文化基因和现实境况。值得注意的是，按此文化基因进行村落分类是为了凸显各村主要的文化基因，并不意味着它们没有其他文化基因，相反，众多文化基因总是在每个传统村落中相互穿插，体现了丰富性与多样性。比如说，山下村尽管因朱熹讲堂而被归为耕读文化型，但也不否认其良好的生态；四都村尽管也被归为耕读文化型，但也不否认其俗信文化较为发达。此外，值得注意的是，仙居县域范围内的传统村落总体特性正是由这些不同的文化类型交织而成的。

耕读文化型

耕读文化型村落特指生成和发展受耕读文化持续的影响，并留下众多耕读文化遗存（如聚奎亭、大书房、书院、状元旗杆、文昌阁等）的村落。耕读传家成为传统村落社会的稳定器、持家立业兴族的根本，"半耕半读、以耕养读、以读促耕""耕为本务、读可荣身""读而废耕、饥寒交至，耕而废读、礼仪遂亡"等都反映了耕读文化的优良传统。

该文化类型的传统村落包括高迁村等，共5个。高迁村一门七进士奠定了该村耕读文化格局，七星墩、七星塘和"川"字形水系格局塑造了村落空间格局，高迁十三堂构成了乡土三透九门堂类型和街巷肌理；山下村因南宋朱熹在此开设桐江书院讲学，至今仍受其深远影响；九思村也成为影响古今的诗书画三绝名村；上王村因其早开现代教化而闻名。

商旅文化型

商旅文化型村落特指传统商业流通依赖水运、脚力等传统运输系统，使生成与发展受其巨大影响的传统村落。这些商旅型村落处在运输盐、茶等商品的水陆转运交汇地，因补充物资、休憩等需要驿站，从而促进了其发育。如地处浙西南大山深处的遂昌、松阳等地，因福建盐茶转运浙赣地区，从而受到了妈祖文化的影响。

仙居商旅文化型传统村落包括皤滩村等，共 5 个。皤滩村成为该类型的典型代表，其龙形商业街依水而建，发展出客栈、当铺等传统商业，这一传统商业传承至今，使得皤滩村成为因盐茶水陆转运而生成的商旅古镇；同样，地处峻岭险峰脚下的苍岭坑村，也因作登岭之前临时驿站之用而成为商旅古村。

慈孝文化型

慈孝文化型村落特指慈孝文化成为重要文化遗产的传统村落。朱贻庭将之"解码"为：慈孝文化是父母与子女的血缘真情（本）与道德规范（末）的统一；不要弃其本而适其末，而应崇本以举其末。要建设和谐家庭，生活在现代社会的父母和子女都应该自觉维护这种基于血缘关系的人类"亲情"之爱，以及基于父母与子女之间真情的"双向交往"机制的亲情关系。商爱玲等认为慈孝文化集中了道德观、社会观、人生观和宇宙观，作为一种软约束，依靠道德规范影响个体的观念和行为，是社会治理的重要组成部分，有助于解决社会中的价值失序问题和道德失范现象，更好地维护社会成员的公共权益，促进社会秩序的稳定与社会关系的和谐。慈孝文化在传统村落空间中表现为众多宗祠、家谱、家训等。

该类型传统村落包括李宅村等，共 5 个。李宅村成为该类型的典型代表，"八诫八训"成为该村社会生活的宗旨，与都宪宗祠和李氏大小宗祠一起传承着慈孝文化，对于李宅村的社会稳定起到巨大作用。此外，地处永安溪上游的四都村"戴氏节孝""广种福田""龙母生子"等，也使得四都村成为远近闻名的慈孝文化名村。村民们在慈孝文化中知礼节、守规范。

民俗文化型

民俗文化型村落特指传承的各类代表性民俗文化活动代表着该村的民俗文化最高成就，并具有一定地域影响力的村落。相对于精英文化，民俗文化产生、传承于民间，是提炼于日常生活的物质精神文化，对于人们来说有着内生性的硬性，具有广泛的群众基础和影响力。民俗文化一般既包括农耕器具、饮食、民居等物质文化，又包括生活礼仪等社会文化和民间艺术、文学、传说等精神文化。

该类型包括十都英村等，共 3 个。其中的朱溪村九狮挪球、十都英村彩石镶嵌等，都是非物质文化遗产，享有极高的声誉。

俗信文化型

俗信文化型村落特指俗信文化历史悠久或发育良好，并至少在全县境内有一定知名度，反映了传统村民的世界观的传统村落。俗信文化的机制是将对世界的抽象状态转换为可视的物质形态，譬如寺庙、道观以及各种仪式活动，从而赋予信仰以社会意义。

调研过程中，我们看到，方圆十里一大庙，每村一小庙。祖庙村的杜庙在大雷山南北两侧都有名气，甚至连偏僻的溪港乡的程十四娘娘庙也广被仙居、缙云、磐安、永嘉的一些村民所共同供奉。该类型村落包括祖庙村等，共 3 个。其中，三井村因其佛教传承悠久而成为仙居佛教文化发祥地，并因抗日战争期间成为台州学院前身台州初级中学的临时校区所在地而闻名；羊棚头村因拥有道教第十洞天而闻名，影响了全县的"八仙"文化，如渗透到饮食中的仙居八大碗。

生态文化型

生态文化型村落特指反映了人与自然的和谐关系，村落生成与发展以不破坏自然生态为前提，并具有广泛知名度和影响力的传统村落。生态文化是人们在与自然生态环境持续交往的过程中，以特有的生态观、文化观和宇宙观为指导，以调适生态与文化之间的关系、寻求人与自然和谐共存为落脚点而形成的生态物质文化、制度文化和观念文化的总和。

公盂村正是上述生态文化型传统村落的典型代表。公盂村坐落在高山深处、悬崖脚下，是国内外登山客的户外基地。至今，公盂村仍然拒绝开通象征现代化的公路，只能沿着山间古道到达。此外，依永安溪一侧发展出的坡地水乡型传统村落西炉村、有着石天柱岩和石人远眺的尚仁村和油溪村、怕水缺水的西亚村等都反映了村落与自然和谐相处的生态文化。这一类型的传统村落共 8 个。

耕读文化

型

种田还是种山强，风吹屁股四面凉。
上山不用背犁耙，落垟不用拦牛娘。

——《种山歌》

1

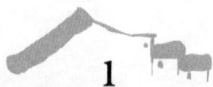

"理学讲堂"山下村

　　山下村位于浙江省仙居县皤滩乡境内。村东有括苍山，并与板桥村接壤；村西为秀溪，且邻皤滩古镇；北依永安溪；东南部为南山。山下村处于河谷平原之中，南北都为耕地。该村在古代是永安溪水路到陆路的中转处，为古代商业、盐运、漕运的重要中转站。

　　村落依山傍水，地处永安溪中游，环境清幽。村东南部的南山包括笔架山、桐岗山等；赤山、鲶鱼山、道渊山紧偎山下村；眠犬山、伏燕山侍于村西。山下村村域面积1平方千米，其中村庄面积60亩（1亩≈666.67平方米）。现有户籍人口910人，常住人口600人。主要产业为农业和手工业，农业主要包括种植杨梅、桃子、梨等，手工业主要有花灯和香沉木雕，村民人均年收入约7600元。

　　山下村古时称马鞍山村，因村西的眠犬山旧时称为马鞍山。大溪村北岸的一片茂林与美奂美仑的北山，一部分也属山下村管辖。村中的古戏台、古民居、

周边环境

古庙、古路廊组成了宝贵的文化遗产。有诗赞云："村庄碧水映蓝天，接毗鉴湖景色嫣。堤柳拖烟速翡翠，紫薇花发蝶翩。南山笔架延儒学，北岭鸟妙磨砚穿。美女献花阶下舞，蛟龙戏水曲姿研。山川钟秀英贤集，人述灵圣火传。百磨俱学歌盛也，千秋伟业后人瞻。"江南第一书院——桐江书院也在山下村境内。

山下村起源较早，萌芽于唐代，孕育于宋元，至明代初具雏形，清初方始发展，清中晚期走向全面繁荣。村中以方姓村民居多，这可追溯至晚唐诗人方干公：他因仕途不得志隐居桐庐白云源，后应友人邀请共游仙居，慕恋仙居山水秀绝，所以迁居板桥，后世子孙繁衍，渐渐迁入山下。现板桥、山下方氏均系同一先祖。

该村建筑肌理保存较好，南侧古建筑沿小溪过渡，古道沿侧建筑以古河道进行布置，街巷主要分布在鉴湖南侧，古建筑相对集中，与新建筑相对分离，主要建筑类型为四合院，另有石、木、砖、夯土墙等类别。其中具代表性的有桐江书

村落肌理

院、道渊庄古宅、山下古戏台和道济小庙等。

桐江书院原为方干第九代世孙方斫所建，宋代朱熹曾于此讲学，其子亦曾就学于此。该建筑于清咸丰年间重建，至今保存得比较完整。建筑中包含较常见的石柱、骑楼和较少见的拱形烽火墙、三叠鹊尾式马头墙、戏台藻井等，体现了浙系建筑风格，具有一定的特色。

道渊庄古宅建于清咸丰年间，为山下学士方立诚所建，体量相对较大，并具有"三透九门堂"的风格，细部还包括雕花、"秀丽桐江"门楣和彩画等。

山下古戏台是建于清道光庚寅（1830）年的木结构古戏台。在石台柱上镌刻"顷刻间千秋事业、方寸地万里江山""雅调新声歌士有、清音妙舞庆所平"两副楹联。台上的通口雕刻有"玉根""金声"四个字。

道济小庙据传始建于宋乾道前，其原址在今桐江书院处。

由于山下村建筑年代大多为清代，破坏较少，所以精美的建筑细部得以保

留。其中，出现较多的狮子戏球寄托了美好的希望；戏台的仙鹤、鹿、凤等则体现了戏剧的元素；斗拱中的花瓶造型则寓意平安。其中，桐江书院的鸱造型原型为吐水的野兽，主要具有镇火的寓意，其周边的排水沟和铜钱铺地也具有一定的特色。

山下村自古以来受传统农耕文化影响较深，较重视农业，也产生了一些相对独特的传统农具。另由于朱熹曾在此讲学，所以山下村具有耕读传家、程朱理学的文化理念。宋淳熙九年（1182），朱熹提举浙东茶盐公事兼主管台州崇道观，慕名遣子从学于桐江书院，并手写"桐江书院""鼎山堂"两匾额。清光绪年间，《板桥方氏宗谱》收录了朱熹的《送子入板桥桐江书院勉学诗》。在宋代理学思想的影响下，儒家所倡导的道德观维系着乡村的根本秩序。在以农耕为主的传统社会里，部分人以"朝为田舍郎，暮登天子堂"的信念为生活依托，亦耕亦读的生活世代延续，"耕读传家"成为祖训被写入宗谱。

山下村具有悠久独特的传统文化，拥有国家级非物质文化遗产仙居针刺无骨花灯和浙江省非物质文化遗产香沉木雕。仙居针刺无骨花灯系因灯面图案由刀凿针刺成孔、灯身无骨而得名，发源地是浙江省仙居县皤滩村，起源于唐代，明清时技艺趋于成熟。此灯造型别致、制作精美、小巧玲珑、古朴典雅，于2006年被国务院批准列入《第一批国家级非物质文化遗产名录》。香沉木雕是利用沉香木的特殊材质，综合运用木雕与根雕的技艺而产生的一门独特的雕刻技艺。当代传人为方炳青。

山下村的历史文化名人除在此讲学的朱熹外，还有以下几位：方矸，宋乾道八年（1172）新科进士，后创办桐江书院，以方氏家族的力量"旁置良田数十亩，以借四方来学膏火之费，一时文人荟萃"；方志道，元代人，重建了桐江书院；方立诚，于清咸丰、同治年间，建立道渊庄古宅；方文锦，1921年加入中国共产党，1924年回乡创建浙南地区最早的党组织——中共温州独立支部，1927年"四一二"反革命政变前夕在南京惨遭国民党杀害。

桐江书院

道渊庄古宅

古戏台

道济小庙

建筑细部

传统文化

传统
建筑

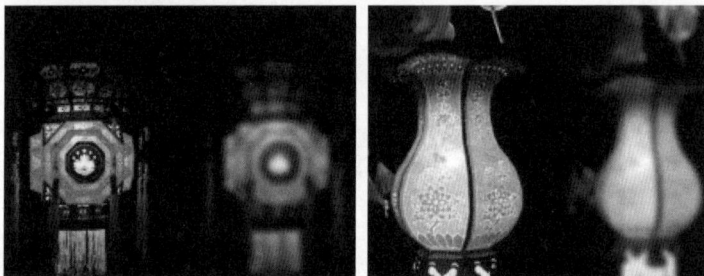

山下村传统建筑调查表

编号索引	建筑名称	建筑规模	建筑年代	材料与结构形式
1	道渊庄古宅	2100	清咸丰、同治	砖石
2	山下古戏台	100	清道光庚寅年	砖木
3	道济小庙	50	宋乾道	砖石
4	桐江书院	1500	宋乾道	砖石
5	前透	900	清同治	砖石
6	隔墙	460	清同治	砖石

---

① 建筑规模的单位为平方米，下文均是如此，故不再一一注明。

村落
文化

朱熹与桐江书院

据传，1156 年，理学家、教育家朱熹曾携子来皤滩讲学，时年 28 岁。当时，桐江书院还未建，讲学只能在方氏族人开办的方氏义塾中举行。

一天，朱熹见一中年男子病倒在树下，忙把病人扶入庙门救治。病人醒后自称王一朋，乐清梅溪人，时年 46 岁。原来，王一朋得知朱熹在皤滩讲学，慕名翻山越岭而来，由于路途遥远，饥寒交迫而病倒。后来，朱熹安顿自己儿子与王一朋一起在方氏义塾潜心攻读。

一年后（1157），秦桧去世，朱熹官复原职，王一朋高中状元，仕秘书郎。皇上见王一朋"名单明薄"，就在"一"字上加了一竖，曰"十朋"，劝其多结朋友，增进学业。此后，王一朋便为王十朋。

朱熹曾在方氏义塾讲学的消息传开后，方氏义塾名声大振，四方学士纷至沓来，这也大大激发了板桥方斫等贤士在小庙建书院的热情。不久，桐江书院以其恢宏的气势与精巧的布局出现在众人眼前。得知桐江书院建成后，王十朋为纪念自己在苦迫之时幸在山下偶获朱熹相救的经历及在山下就读一年有余的感受，亲书"东南道学世家"与"理学名崇"两块匾额，送至桐江书院，挂在两殿檐下。

当年，桐江书院"孔堂高第，犹万四科（德行、言语、政事、文学）、性与天道，未尝轮琼。世之学者、乃欲德行、言语、政事、文学兼而有之……"因此，从桐江书院走出来的中进士的方姓族人颇多。较早的一位是方斫，为宋乾道八年（1172）进士。接下去有方刚［宋淳熙二年（1175）］、方一新［宋端平二年（1235）］、方初［宋景定三年（1262）］。此外，举人、秀才等更是不胜枚举。

桐江书院中朱熹的头像

仙居
民俗

木 雕

仙居木雕艺术最早可追溯到汉晋时期。其时木雕工艺简单,产品应用范围较为狭窄。隋唐以来,木雕艺术得到长足发展,从当时的桌椅、橱、门窗等生活用品上完全可以领悟出当时木雕艺术"线条自然、形象雍容"的特色。另外,从仙居城关范小灵家的木牌位上刻有的"唐长安七年"字样,也足见唐代木雕艺术应用范围之广。明清时期,仙居木雕事业极为兴盛,且做工精细,剔空镂镂技艺高超,图案形象丰富多彩。许多作品都达到精美绝伦的程度,使用范围也进一步延伸到房屋建筑乃至生产工具上。李宅与高迁古民居的辉煌便是仙居木雕工艺的具体表现。

一、香沉木雕

香沉木雕是利用沉香木的特殊材质,综合运用木雕与根雕的技艺而产生的一门独特的雕刻技艺。它兼具根雕的奇异古朴、木雕的形象生动,又以清幽诱人的芳香,彰显了自己独有的魅力。

1. 艺术特征

① 材质自然、保留本性的特征

沉香木为芳香类植物因山洪暴发、泥石流、地震等自然灾害及伐木开山等人类行为而被掩埋于土层、河床之下,积久而成的一种半矿质化的材料。其木质坚韧、纹理细密、奇香芬芳。

② 干燥处理上采用传统工艺的特征

按形成材料的环境不同,香沉木雕进行处理的方法也不同。仙居香沉木雕使用的材料大致可分为"土沉"和"水沉"两大类。对"土沉"材料,处理的方法为浸泡、清洗、去除泥沙与表皮后自然晾干。对"水沉"材料,则需先自然晾干,再去除腐败霉变部分。

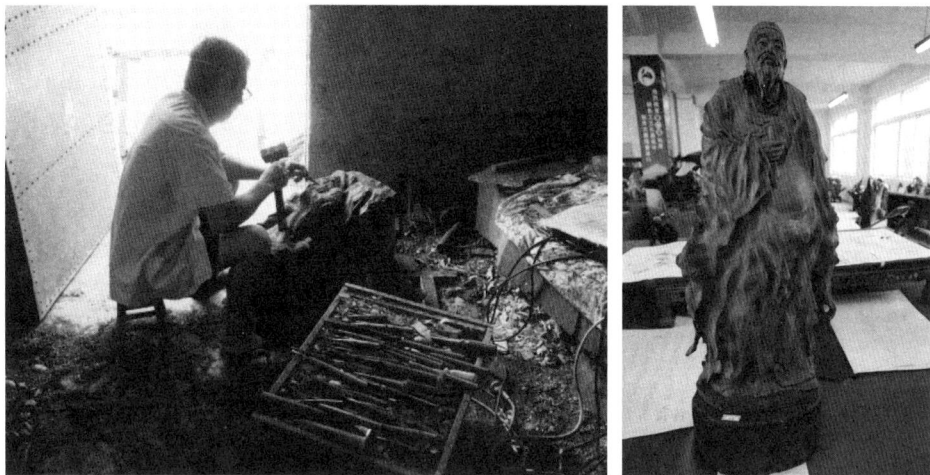

方炳青工作环境与其参赛作品

③ 作品构思、创作上的独特性特征

根据原材料的外观、形状、厚薄，进行构思创作。

④ 雕刻手法上的多样性特征

它既要有大刀阔斧的裁劈，又要有细腻圆润的雕琢。对于木雕上的点睛之作，如人物、动物，则充分运用圆雕与浮雕等手法；在表现衣着、动物皮毛时，则使用阳雕、阴雕和线雕；有时候为了表现一些细节，甚至会使用透雕。

2. 工艺流程

仙居香沉木雕的主要工序有：①材料处理；②构思；③凿粗坯；④凿细坯；⑤修光；⑥打磨；⑦上漆；⑧安装底座。

3. 保护措施

香沉木雕被批准为浙江省非物质文化遗产，浙江省仙居县山下村的方炳青为该文化遗产项目代表性传承人。方炳青在15岁时便跟随其父亲学习香沉木雕、书法、美术等，是浙江省民间艺术家、浙江省非物质文化遗产传承人、浙江省首批文艺优秀人才等。

二、木窗雕刻

木窗雕刻是木雕工艺领域的一个分支。拥有这种技艺的艺人俗称"刻花人"、他不仅需掌握数十种的木雕工艺，甚至还要有油漆技艺。木雕作品具有审美、实用两大价值。因技艺难度较大，且用途广泛，所以木雕艺人的工钱也相当丰厚。但这也奠定了木雕艺人"劣败优胜"的严重态势，现实的需要逼迫他们不断学习、实践、探索、再实践，其作品也往往会与时俱进。如木窗制作，一扇木窗由"条棱木条组合到多样式木条块拼合"，由"一两个图案到数十个图案创设"，由"十几个零部件到上百个零部件构建成整体"，几扇木窗的组合"从木讷到自然别致"，足见木雕工艺发展创新的速度。但近年来，木窗雕刻几乎绝迹，但木雕事业已开拓出前所未有的市场。

1. 工艺流程

①整体设计

窗的大小、长宽厚；窗的整体形象；窗的各个组成部分形态及图案等。

②取木坯

根据大小、形状，把木头锯割为不同的条块和板块。

③绘画

用木铅笔在条块和板块上勾勒出各种图案。

④剔空

用钻、钢丝锯等工具去掉条块和板块上要剔空的部分。

⑤雕镂

凿、刀并施，在条块和板块上精雕细刻各种图案。

⑥刨光

磨锉光滑图案形象部位。

⑦组装

把雕就图案的条块和板块组装成一扇木窗。

⑧着色、油漆

把图案描上相应的色彩，并用漆把木窗整体刷一遍。

2. 材料工具

①原材料

柏木、樟木等，较少选用红木材质，因为红木过于贵重。一般板块多选用樟木，条块多选用柏木。这是因为樟木树纹交错不一，有一种自然美；木质细腻，雕起来脆里带韧，不易脱落；干后不易变形，有香味不易虫蛀；板块拼接的胶力好；上染颜色也好处理，且价格适中。

②色料

各种颜色的色料。

③油漆

主要是青光漆。

④工具

锯、刨、斧、钻、钢丝锯数把，形状大小不一的凿数十支，大小厚薄形状不同的刻刀上百把，各种画笔，锉纸若干。

3. 传承状态

仙居田市区域木窗雕刻自唐时起就代代相传。近期传承谱系如下：

第一代：李昌发（1825年生）；第二代：李西良（1868年生）；第三代：李世致（1898年生）；第四代：李小多（1931年生）；第五代：范富贵（1972年生）。如今，仙居田市区域木雕艺人多达数百名，以合伙和个体经营为主，规模大小不一，有的在田市镇、仙居县城建有工厂，有的居家揽活做工，他们主要从事出口的工艺品制作，木窗雕刻已极为少见了。

除上文提到的村落外，木雕技艺在西炉村、朱溪村、大战索村、祖庙村、尚仁村、垟墺村、朱家岸村、上吞村与公盂村等也有传承。

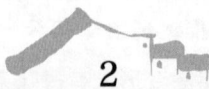

2

"书画故里"九思村

九思村是位于田市镇南部山区的行政村，西为神仙居风景区保将岩，南临景东村与公盂村，是进入公盂岩景区的必经之处。村庄原是温州、台州、绍兴、杭州南北便捷古道的隘口之一，而今诸永高速公路穿越村庄（有出入口在村中），田柯线从村东侧经过，可见其交通便利。村庄背山面水，四周群山环抱，东侧有十九都坑（河）绕村而过，景色宜人，环境清幽。东岸的山体尤为高耸壮丽，诸永高速公路从山脚南北向外延伸。九思村辖柯思下宅、塘员、东岸溪、叶山四个自然村，其中，柯思下宅、塘员、东岸溪三个自然村分布在十八都坑两岸山体间河谷平地，叶山村则在西面山坳处。

村庄地处括苍山脉中段的一方峡谷盆地上，原生态景观有保障流霞、广寒仙音、寿云大小瀑布、双笋朝天等，国家级风景区中的景星岩、公盂岩、朝山诸峰分别屹立在村庄西北与西南方，且与村庄的水平距离均在 2 千米以内。

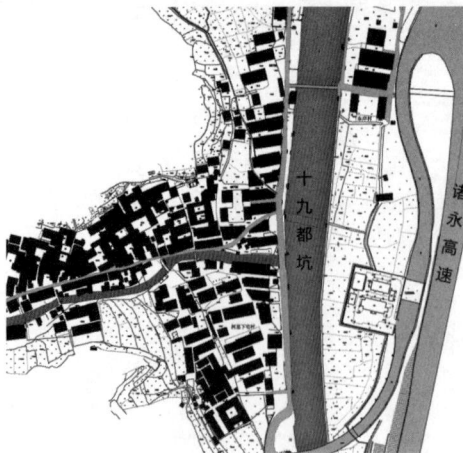

村落肌理

九思村总占地约 12 平方千米，有水田 296 亩，旱地 425 亩，山林 4750亩，河道等 2000 余亩，总户数 317户，人口 1100 人。寿云峰（东）、景星岩（北）、保障岩（西）、公盂岩（西南）山峰成环状拱护着村庄；十九都坑与前门溪汇成"丁"字形横卧于境内；自然村依山傍水分布在各自独特的地貌上。柯思下宅村宛如一叶扁舟泊于丁水之阳；凤凰山犹若舟篷、舟帆，分外亮丽、鲜活；塘员村似一片竹排漂淌在十九都坑上，满载着村民生存的希望——竹木与山果。

柯氏是古时钱塘郡的郡望。追溯仙居柯姓，起源自唐文宗时的奉议大夫柯宏慎，其祖籍福建晋江，随父逊公任台宁海判簿，因父母仙逝，奉榇还乡，途经安州之阳，于柘溪眠牛之地见其山川秀美，安厝结芦，娶室后仁吴氏夫人，广拓田园，奠定基业于柯桥头。

柯宏慎幼子廷遂公是九思村的始迁祖柯谦（柯九思父），元至元十一年（1274）被贬为江浙儒学提举。他历经官场二十年，早已厌倦其中的腐败，并憎恨政治的黑暗，其间曾四次迁居［钱塘（杭州）→大都（北京）→钱塘（杭州）→仙居白塔镇柯桥头村］，1280 年前后，遁隐进十八都新都坑的山岙。

自那以后，满山岙都是柯姓子孙，"耕读为乐，省思精进"，村庄很自然地易名为"柯思岙"，简称"柯思"。后因行政区划变更，为纪念先祖柯九思，遂将其与周边村庄合称为现今的九思村。

九思村建筑成型于元至元到天历年间。四合大院有 30 余座（现已拆毁 10 余座），余下为排屋及独家小院等结构，民居旧房约有 800 间。公共设施建筑有始祖祠、魁星阁、揽秀楼、旗杆坊、古塔、望星台、私塾（上大坪草庐、新屋里私塾）、戏台、广场、寺庵（西坪禅寺、悬门寺、自思庵、娘娘殿）等。小桥流水、池塘亭榭、斗石老樟时有所见。所有建筑凭借着那条延伸出魁星阁拱门外的枝丫形巷径，串成整体。

整体风貌

文昌阁 私塾

石头墙

木砖屋民居 石头屋民居

　　如果细致观察，可发现个体建筑每个都十分质朴而不失精细。如始祖祠的梁柱选用横截面直径 0.5 米以上的樟桧木料，经工匠们取直制曲，精细雕镂，成品庄重而不笨拙。只能建造排屋的地方，则绝不损毁山水原貌而置建四合院。同理，能置放独屋的地方，则绝不规划排屋。如凤凰嘴前排屋，为了不破坏凤凰山的整体形象，耗巨资垒石坎，建造出半间楼板、半间地面的悬空楼；始祖祠大门与门房濒临前门溪，建造时宁可向后退也不肯占溪床一寸。村中移步换景，似诗如画，透出江南与漠北美学结合的较高的审美理念。

这里特别值得一书的是，九思村始祖祠的形制独步江南宗祠。宗祠四进各为五开间，外带戏台，仿皇家太庙格局。这已是封建王朝中超越规制的赫赫建筑，其之所以得以建造并延续了几百年（1328 年建造，至 1975 年火败拆毁），是因为元代文宗皇帝契友、文学巨匠、国策谋臣柯九思太公，凭借功绩、私谊奏请皇帝，获文宗恩赐。

九思村紧邻十九都坑，沿前门溪东西向发展。从山上远观，村庄形状类似帆船，再加上云雾环绕，更是如梦如幻，于是逐渐成为柯思乔八景之一——"仙子携舟"。现村庄整体格局保持完好，四周群山环绕，十九都坑绕村而过，景色宜人。

传统
建筑

九思村传统建筑调查表

编号索引	建筑名称	建筑规模	建筑年代	材料与结构形式
1	私塾	700	明清	砖石
2	文昌阁	100	元	砖石
3	揽胜楼	1000	元	砖石
4	西平禅寺	450	元	砖石
5	古民居	1700	明清	砖木

村落
文化

历史名人

柯九思（1290—1343），字敬仲，号丹丘生，别号五云阁吏，台州仙居人。父柯谦，曾任翰林国史检阅、江浙儒学提举，是元代仙居较为有名的官宦。元大德元年（1297），柯九思随父迁居钱塘（今杭州）。元延祐元年（1314），以父荫补华亭县尉而不就。柯九思自幼爱好书画，聪颖绝伦，被视为神童。元天历元年（1328），柯九思游学建康，经人引荐，结识了怀王图帖睦尔。不久，怀王继位称帝，是为文宗。柯九思被授予典瑞院都事（正七品，掌管瑞宝和礼用玉器）一职。元天历二年（1329），元文宗仿宋阁学制，柯九思迁升为奎章阁鉴书博士（正五品），专门负责鉴定宫廷所藏的金石书画。经他鉴定收入内府的有王献之《鸭头丸》、虞世南临《兰亭序》、杨凝式《韭花帖》、苏轼《寒食帖》等。皇帝特"赐牙章得通籍禁署"，与虞集、揭傒斯同为文宗时代奎章阁的代表人物。后因朝中官僚妒忌及文宗去世，柯九思束装南归，退居吴下，流寓松江（今属上海市）。

柯九思擅长诗、书和画，素有诗书画三绝之称。他的书法作品传世绝少，行楷是其所长，字体早期秀逸，晚年沉郁，雄伟中具质朴之骨力，厚重中见挺拔之秀气，具有独行的艺术魅力。柯九思绘画成就最高，作品影响力极大。所画山水，苍秀浑厚，丘壑不凡；花鸟石草，淡墨传香，饶有奇趣。他尤善画墨竹，发展了墨竹画鼻祖文同的画法，别开生面地将中国古代的书法融于画法之中，"写干用篆法，枝用草书法，写叶用八分或用鲁公（即颜真卿）撇笔法"，这是卓越而独特的创造。柯九思笔下的墨竹各具姿态、曲尽生意，新竹拔地而起、枝茂叶盛、欣欣向荣，老竹稍稍倚

柯九思像

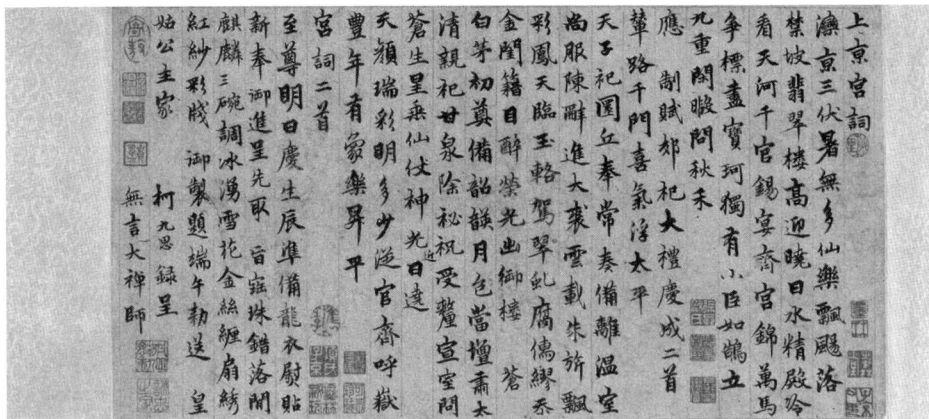

柯九思《上京宫词》

斜、枝叶扶疏、劲节健骨，幼竹奋发向上、稚叶初长、充满朝气。此外，明刘伯温、清乾隆皇帝对柯九思的墨竹都有题咏之作。柯九思作品流传至今的有《竹石图》等。柯九思还著有《竹谱》一书。其能诗文，有《丹丘生集》辑本。

村中文学

柯思岙八景遗咏

笔架山丁字水

大造钟成笔架山，文光直射斗牛间。堪笑愚人不识丁，那由观水悟奇形。
等闲思人风云会，拟作书图墨彩斑。先庚后甲群知否？报喜添来绿绕庭。

寿云捧日保障流霞

东山凤号寿云山，山北山南云自闲。石壁削成保障岩，登临四顾众山环。
欲作甘霖滋造物，朝朝捧日照尘寰。当年草木兵何在？锁着烟霞护玉关。

双笋朝天撑天孤柱

奇石平排霄汉边，俨如双笋兢朝天。石笋嶙峋透九天，巍峨不与众峰连。
山中宰相今何在？终日垂绅凤阙前。纵然风雨频年扰，仍见东西日月悬。

黄莺出谷仙子携舟

风诗昔咏鸟嘤嘤，此地曾遗出谷形。乘桴久欲谢车尘，仙子临流竟问津。
回首枝头谁好友？奚须空作弄机声。双手牢将舟楫挽，桃源底事避秦人。

九思庙祠皇帝题赞

据族志所书，柯九思殁后，大元顺帝遣奎章阁博士周演忠前来赐祭。文中有
"奎章阁监书博士柯九思，尔以英才授职奎章阁辖官翰苑，能诗文，善楷书，并书
竹木，时称三绝"等语。祭毕，题书皇帝赐颁赞文于墙上，赞曰："庙廊羽翼，人物
奇类，上嘉哀宠，万古尊荣。"

清乾隆年间，族裔孙海龙把乾隆御题诗铭凿于九思祠庙壁上。诗曰："竹身似屈
竹节直，自称原秤法极难，垂叶怡如锦鳞上，天然无饵上鱼竿。"该诗既示柯九思一
生的人格志趣，又隐露出后裔的人生意旨。可惜的是，九思庙祠在中华人民共和国
成立前已遭火焚。

苏轼作文贺述公

东坡居士在杭州任上，一日阅览邸报，得悉一则佳话，即作文述之，书赠友人
柯述。其文曰："有公柯氏，讳述，字天传。自幼立志不凡，习进士业，登科宋神
宗朝，任漳州通守。时逢艰辛，有鹊衔粟栖其厅，公遂取之，亦送漳人，以救饥活
民。漳人感之异焉。"

村落传说

石新郎与石新妇

田柯线公路右侧的山崖上耸立着形如一男一女的两根大石柱，人们称其为"石
新郎"与"石新妇"。说起他们，一直流传着一段神奇的传说。

很久以前，九思村村头的一间茅草屋里住着一对母女。母亲年老体衰；女儿
名叫芹蕾，长得秀丽脱俗。芹蕾打小起白天上山寻药打柴，夜晚与母亲忙着做女
红。母女俩相依为命，过着紧巴巴的日子。芹蕾长到十八岁的时候，出落得格外漂

亮。女红活样样拿得起，尤其是刺绣人见人爱，绣的兰花似透出芳香，刺的鲤鱼似能跃龙门。四邻八乡更喜姑娘心善嘴甜，不知从何时起，求婚的人络绎不绝，几乎把芹蕾家的门槛都踩烂了。可她不愿意离开年迈的母亲，婉言谢绝了一桩又一桩的婚事。

有一年的冬天，雪连下了半月有余，芹蕾瞒着母亲一早又上了山。山上风大雪厚路滑，她一不小心滑进了路下的草丛中。草丛中正好有一个狼窝，一群狼崽立即跟随着大狼张牙舞爪地向她扑了过来。"救命呀！救命！"芹蕾一边手握柴刀拼命抵挡呼喊，一边往远处退却。在这万分危急的关头，一把猎刀飞来，直直插在公狼身上，公狼挣扎了几下后不动了，母狼带着狼崽四处乱窜，一会儿就消失在山林中。姑娘回头一看，只见一个身材魁梧的小伙子，穿着一身蓝衣褂，冬日的暖阳照亮了他英俊的脸庞。芹蕾姑娘缓步上前准备道谢，两道目光一接，什么话都成多余的了。原来，这个小伙子名叫宇德，住在深山中，近年父母年事已高，仅靠他打猎来维持一家的生计。

冬尽春来，夏逝秋至，两年来，宇德和芹蕾姑娘经常在山上会面。他们回想往事，憧憬将来，尽情享受着大自然的乐趣。某一天，宇德终于向芹蕾的母亲提亲了。芹蕾母亲早已知道小伙子和女儿的事，欣然应允，并决定在当年的重阳节给他们办婚事。

日月如梭，眼看重阳将近。这些天，宇德日日出门打猎，准备酒席之用，芹蕾忙里忙外，还常常去三十里外的集镇采办货物。

事不凑巧，一天赶集时，芹蕾姑娘碰上了"地老虎"的一帮爪牙。这"地老虎"是当地一霸，仗着认了宫中的一个大太监为干爹，平日里勾结官府，无恶不作，近日得一门路，正要遴选一位江南秀女送入京城以求官爵，于是日日调派爪牙四处打探。这一日，他听爪牙回来通报路遇芹蕾姑娘一事，顿时如获至宝，连忙吩咐人八方查寻姑娘的下落。

重阳时节，爪牙来报，上次镇上飘然而过的美人家住九思村，名唤芹蕾，今日将要与人完婚。"地老虎"一听大急，纠集打手，哪顾山高路远，傍晚时分赶到了柯思。一到那里，只见那对小夫妻正在拜堂，穷虽穷，整间房里却自有另外一番热闹。那"地老虎"一眼瞟见身穿婚服的芹蕾姑娘，瞬时为她"容如西施倍端庄，貌若杨妃减分胖"的容颜所倾倒。四位打手未待主子神醒，纷纷扑了上去。宇德见势不妙，忙拉着芹蕾破窗而逃。他们沿着山间小道拼命地跑，打手们在后面没命地追。十多里路下来，姑娘体力不支，宇德只好背起她继续往前奔去。天黑路滑，慌不择路的宇德和芹蕾在不知不觉中竟逃到岩湖附近的悬崖上。前无去路，后有追兵，眼看灾难临身，宇德和芹蕾四目对望，心意相通，两人紧紧地抱成一团，纵身跳下了悬崖。朔风怒号，秋雨凄凄，"地老虎"气喘吁吁地奔上万丈悬崖，隐约看到两个年轻伴侣飘然而下的身影，顿感一阵阵凉意袭身。

说来奇怪，一年后，岩湖附近的人们发现当年宇德和芹蕾葬身的崖脚下竟长出了两株石笋。又过了两三年，那石笋长成足足十几丈高的大石柱，并且颇具人形。左边的一根雄壮挺拔，昂首远望，右边的一根婀娜多姿，身躯略向左倾，两者呈依偎之状。人们说这是宇德和芹蕾的化身，就称其为"石新郎"和"石新妇"。千百年来，从他们下面走过的人，无不为芹蕾姑娘和宇德小伙的爱情而感怀。

龙游潭传说

柯思呑进两里，便是小角坑，只见弯弯曲曲的坑流和凹凸有规则的山弯小坑，在满目青翠的大山中，像潜身贴地、四脚张开的龙，蜿蜒着游向十八都坑。在小角坑东北角的山背上，有一处四周悬崖绝壁、中间呈圆形的龙潭，足有三间屋大，深不可见底，水上青下绿，人到岸边，心惊胆战，周围数里，众山环绕，没有人烟。相传有一天，龙驾祥云，周游各地，见这里云雾缭绕，天山一处，便好奇落地，满心欢喜。这里既有可以潜身的龙潭，又有美丽安静的山景，在下方不远处还有一片十二三亩开阔的龙坦，于是安营扎寨，昼伏龙潭修身养性，夜出龙坦观星赏月，与人互不干扰，过着自在自得的生活。

几百年以后，在龙潭上方的杨柳下，来了户人家，夫妇俩开山整地，丰衣足食。不久，夫妻俩生下一个小孩，并经常在坑边洗涤小孩的尿布，这些脏水，正好流到下面的龙潭。龙自天来，过惯洁净的生活，如此脏水，怎能与之相伴？一天，突然乌云密布，一阵狂风暴雨，从龙潭喷出一道桃红发亮的霞光，冲向天际，龙带着对居住多年的家园的留恋，愤怒地离开了。它在冲出龙潭的一刹那，头向天空，因用力过猛，其身体正好碰到四周的悬崖绝壁，使四周的岩塔凹进三米多深。今天，龙已离开龙游潭不知多少年了，龙游潭仍然明显地留着龙游的痕迹，那片开阔的龙坦依然存在，后人多次想把它开成良田，却屡屡被水冲毁，人们只好依旧还原，植树造林，现在那里已经松柏参天。

**仙居
民俗**

踩高跷

1. 历史沿革

晚清至民国时期，埠头镇等平原村庄，每至雨后，村道间泥泞不堪，村人行走多有不便，特别是农家儿童上学早出晚归，行走十分艰难。家贫者买不起鞋，便制高跷，踩踏着往返于学校与家之间。路上有同伴者，便各踩高跷，互相碰撞，嬉戏聚笑，十分快乐。民国初期至中华人民共和国成立后的相当长一段时期，又发展出广大青年参与的踩高跷舞蹈活动，即边踩高跷边跳各种舞蹈，至1957年，村内还组织了20多人的踩高跷运动队。该项活动一度衰退，近年来又逐渐兴盛。

2. 表演内容

踩高跷是小孩所喜欢的"踏走"活动。有的将一只脚踏在高跷上，能跳几分钟；有时两个小孩都踩上高跷互相碰撞，谁先落地，谁就算输；有时人们在高跷上跳秧歌舞及各种舞蹈。

踩高跷

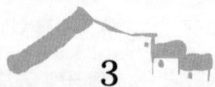

3

"耕读传家"高迁村

　　高迁村位于仙居县城西南 20 千米处的白塔镇境内，凭借其深厚的历史文化积淀、独特的地理环境、丰富的文物古迹，成为仙居著名的江南古村。

　　村落由上屋村和下屋村两个自然村组成；全村总面积为 12 平方千米；总人口 3284 人，共 1047 户，其中下屋村 1370 人，432 户，上屋村 1914 人，615 户。村落拥山环水，地形四周高、中间低，周边为海拔较高的群山，中部为较大面积的平地，适宜进行农业生产；村内河流纵横，水脉畅盈，青山翠绿，溪流潺潺，鸟语花香，自然环境优越，并拥有神仙居、景星岩等旅游景点。长期以来人与自然和谐发展，使得高迁村成为"自然山水、历史人文"的原生态村庄。

　　在建筑上，无论是房屋、院落，还是村庄的整体布局，均注重与周边自然环境的结合，并有一定的寓意。然而，相传高迁村的先祖在择地建村时，并没有理想的宅居地，它们担土夯墙，挖塘导水，适地适树，堆砌山墩，并根据星象北斗七星图系而营建七星墩，在上屋旗杆里、八分头前种树挖凿七星塘，再加上月鹿河如一轮弯月湖泊，故有"七星伴月"之称。先祖通过引水、挖塘、种树等手段精心设计，勤力实践，造就了高迁村聚落民居选址的最佳方案。先祖想通过山水要素组合的建筑布局，表达其"红顶当头、文章显势"之意，这也是"耕读世家"所追求的。

　　高迁村现存建筑基本保持明末清初的风貌，是浙江中部地区最具有代表性的古村落之一。自明末至清乾隆、咸丰年间，吴姓白岩、应岩兄弟及其子孙仿照太和殿模式，大兴土木，建成六叶马头、四开檐楼房十三座（称宅院），已烧毁两座，现存十一座。每一座宅院皆风貌非凡，各具特色。其外形优美，立面

整体风貌

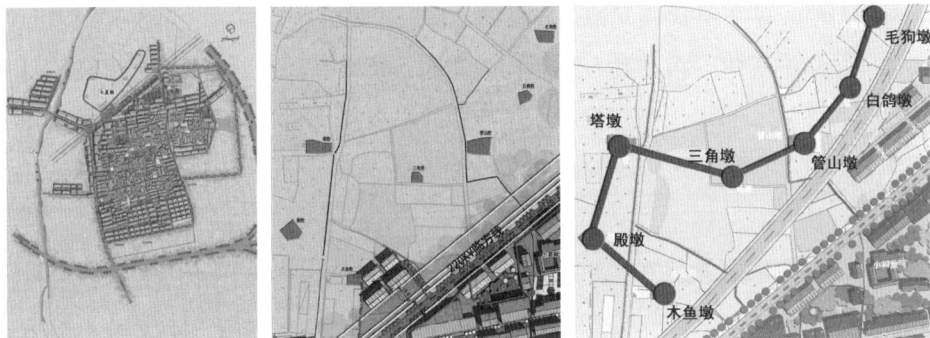

村落肌理

简洁；庭院高墙，马头雄姿；宅院装饰十分讲究，木雕、石雕、砖雕、悬雕、浮雕巧夺天工，凤凰、锦鸡、稚鹿、狮子、孔雀、麒麟及花草雕工精细，栩栩如生，风格多样，或古拙，或飘逸，或简洁，或繁复，或劲道雄奇，或细密工整，无一不恰到好处，别具匠心，可谓集我国古代民居雕刻之大观。特别是石子门堂的镶嵌，堪称中华古居的瑰宝，具有很高的观赏和研究价值。如此规模宏大的古建筑群体留存至今，实为罕见。现对外开放的有七个宅院、十个门堂，具有很高的审美价值。

高迁村是吴氏家族的聚集地之一。仙居吴氏家族，祖籍无锡梅村，先祖可追溯至五代（梁）银青光禄大夫吴全智。吴全智世居遂昌，进士出身，曾任后梁银青光禄大夫、国子祭酒兼侍御史等职，于唐光化年间由遂昌迁居仙居下砾村。古往今来，吴氏家族人才辈出。除吴全智外，还曾诞生如南宋龙图阁直学士吴芾、南宋左丞相吴坚（右丞相为文天祥）、明代左都御史吴时来等杰出人才。吴氏子孙不仅多有官宦，而且具有功名之人也较多，进士及第60多人，举人20多人。据统计，仙居吴氏历代名人有651人之多，若计现代名人或文人于内，则有1164人。

从高迁古村宅院的命名可以看出吴氏家族子弟重以德养人、以书教人及坚持治学的传统美德。由此可知，与明快的小桥流水人家式的其他古村落相比，高迁古村的家族血缘色彩则更为浓烈。

吴氏家族的内在品格与文化精神也可由其建筑体现出来。

省身堂反映了吴氏族人德行修炼的崇高思想境界。此堂为吴培洪（字世金，1798—1854）所建。相传其人遵循孔孟之道，每日在此"三省其身"而取其名。通过这种方式，吴培洪恪守情操，德高望重，备受人们敬仰。省身堂北门的浮雕上，刻有《三娘教子》等富有教育意义的传说故事，表明主人十分重视对后代进行德行教育。

折桂堂则寓意吴氏在追求文化过程中的目的与成就。"折桂"有求得上进、

建筑形式与建筑细部

博取功名之意。在折桂堂门口立有一门匾，写有"椿树长荣、齿德兼贞"字样。此外，折桂堂内西侧还贴有官报十多条。

慎德堂也是耕读世家的居所，处处充满了书香气息。慎德堂为清乾隆嘉庆年间吴树凤、吴熙河所造。此堂奉行以德养人、以俭治家，是典型的耕读世家的表现。

思慎堂是练武世家的居住地。吴孔星（1684—1793）是在此居住过的最有名的武举人，为浙江省试第十九名武举人，其二子也先后考中武举。据统计，先后共有七位武举人在此居住，该堂也因此闻名遐迩。相传堂内石板裂缝较多，是武举人长期在此习武的缘故。

村中的日新堂、积善堂、余庆堂三座建筑合为高迁古村单体面积最大的三透九门堂。日新堂西边的窗上雕刻着宋代理学大师程颢所作《秋日偶成》的诗句。从其中"富贵不淫贫贱乐"一句中，可以窥见出当时的程颢勤勉上进的精神。

不管是村落旁边的人造山水，还是保留下来的各种古宅堂，都体现出高迁先祖们的文化修养，以及他们所追求的"耕读传家"的思想。

仙居民俗

龙灯制作与表演

1. 历史沿革

据传在清光绪年间，村里头脑较灵活的人在外地看见舞龙，见其表演简单，参与人数不限，制作工艺不复杂，便学习了制作工艺并将之带回家乡，在每年农历正月十五夜进行表演，庆祝丰收、欢度元宵。龙头由宗谱里的房头按次负责制作，龙肚每户制作一节，在正月十五夜拼成一条长龙。民国时期，由于户数增加，活动分为两夜，即上、下宅各分一夜，活动日期改为正月十四与十五。中华人民共和国成立后停止活动，直至 1978 年后才重新恢复活动。

2. 表演内容

龙灯表演过去一直都不出村。活动前，"龙头"必须开龙眼，再在佛殿祭拜，绕村三圈后再去空旷平地。以龙头与龙尾为主体相互赛跑，有圆形的（称尼姑转），有形如剪刀的（叫剪刀转），龙尾围住龙头则为龙尾方胜，反之则为龙头方胜。龙灯表演场地常选择在溪岸旁，观看者可看到倒影，实为壮观。

活动夜晚餐后，龙肚（每户 1 节，约 2 米长）按顺序接入龙头，依次相连成一条长龙。每条龙都点上几支蜡烛，在绕村转时有名望的人家要在门前放祭品祭祀，以祝愿年年平安、五谷丰登。参加龙灯表演的多是年轻力壮、体力旺盛之人。

3. 材料工具

对表演者的服饰没有特定的要求，过去一般脚穿草鞋，用布片扎住小腿，腰挂紫刀。龙头长 4 米，高 3 米，龙肚每节长 2 米，龙尾长 3 米，用上等硬木棒将它们连接成长龙。此外，还需白牌两面（上写"国泰民安""五谷丰登"字样）、龙头球、香、烛、烟火等。

4. 传承状况

以前做龙头的传承人比较多，一般村民都能制作龙肚。村中龙灯表演没有集体组织，多由个人组织。

龙肚制作

4

"早开教化"上王村

括苍山，是浙江名山之一，雄拔陡绝，峰峦叠嶂，山上长年云雾缭绕。在大山南麓脚下有一个古老、美丽的村落——上王村，它宁静地靠在风光旖旎的双庙溪旁。由此可见，村落在选址时考虑到了水运和灌溉便利的区位优势。上王村秀丽、安静，陶渊明田园诗中那种悠然自得的意境便是其村民田园生活的真实写照。

村落四面山峰环绕，双庙溪自西向南穿过，形成山水相依之势。此外，村落还背靠白岩山，如太师椅般朝西坐向，左有方岩为辅，右有大牛山为弼，中间平地宽广。

上王村的先祖，相传为唐咸通年间从太原迁徙而来。上王村的始迁祖继昌公有三子，长子据守白岩（仙居秀溪），次子据守黄岩（黄岩宁溪），三子据守乌岩（仙居横溪），时人称之为"三岩三溪"。他们是台州王氏之祖。上王村是秀溪王氏的发祥地，目前上王分支已有 5 万余人。至今上王村已迁入 800 多户，中间子孙迁居各地，如临海、白水洋、东山等。

上王村建筑整体风貌以青砖材料为主，有丰富的马头墙构造、石刻雕花等，庭院内的廊、门、木窗都有精美的木结构装饰，是具有江南风格的建筑。上王村传统建筑集中连片，整体体现了明清时期典型的江南民居风格，也是仙居传统民居的代表。村庄兴于唐宋，繁于明清，明清时期因村内官宦较多，奉旨建有节孝牌坊 3 座、旗杆 19 对，皆已被毁。建造的房屋也各有特色。最初全村有 30 多个全台门，因年代久远，许多破旧倒塌，现仍有 20 多座台门建筑保存较好。上王村由于在历史上被分为上王一村、二村、三村、四村，使得历史文

周边环境

村落肌理

整体风貌

化村落和传统村落的申报难以开展，部分传统建筑也因此没有得到很好的保护。现村庄再次合并，为开展统一的古村落保护打下了基础。现存传统建筑多有人居住，维护较好。上王村传统建筑建造工艺精湛，现存传统建筑多为官宦大族居住场所，马头墙、壁画、灰雕、窗花、门楣都极为精致，这在无形中向世人诉说着昔日的辉煌和荣华。

上王村街巷大部分已用水泥代替过去的石板道，因此道路显得平整干净；但仍有部分保留着泥石道路，其两边的建筑也基本以砖石建造为主。上王村建筑类型多种多样，有传统民居建筑三透九门堂、中西合璧的木石建筑、石砌民居建筑、公共建筑惠志堂庙宇等。建筑结构以木质建筑为主，在形式上存在三合院、四合院，甚至多个合院的格局。

村域主要传统要素有古树 10 处、古庙 1 处、古碑 2 处、古井 2 处、古墓 1 处。传统文化有石雕技艺、竹工技艺、麻糍技艺、麦饼技艺、木窗技艺等。冬至在上王村老百姓中有三种叫法，即冬节、过小年、贺冬。节日的活动通常延续一个星期左右，主要活动内容包括吃"冬至圆"、祭祖、庙会、人会、"抢私下堂"（仙居方言）。

《秀溪王氏宗谱》传承久远，历代王氏后人定期组织人力物力对该宗谱进行修订和补充。该宗谱不仅记载了宗族的谱系，而且记载了秀溪王氏宗族中历代对王氏及上王村有贡献的人士。在这些记载的基础上，上王村对相关的名人事迹进行了系统搜集与整理，并修订了本村的村史。

街巷空间

民居建筑（三透九门堂）

中西合璧的木石建筑

民居建筑（石砌建筑）

民居建筑（木质建筑）

惠志堂庙宇

民居建筑

传统建筑

上王村传统建筑调查表

编号索引	建筑名称	建筑规模	建筑年代	材料与结构形式
1	古宗祠	800	清乾隆	砖木
2	德清堂	620	清同治	砖石
3	廿八间民居	1600	清雍正	砖木
4	民国古民居	600	民国	砖石
5	廿间民居	720	清同治	砖石
6	西园堂民居	1000	清同治	砖木
7	杨梅园民居	580	清同治	砖木
8	西园民居	800	清同治	砖石
9	德清堂民居	550	清同治	砖木
10	白壳堂习武场	600	清同治	砖木
11	新屋里民居	850	清同治	砖石
12	养心堂民居	350	清同治	砖石
13	旧养心堂民居	300	清同治	砖石
14	后洋民居	500	清同治	砖木
15	外翰第民居	760	清乾隆	砖石

仙居
民俗

箍　桶

　　箍桶是祖传的木工技艺。其历史源远流长，不知始于何朝，现今已无从考证。按用途分，箍桶分为农用、家用及作嫁妆等；按形状分，则有扁的、圆的、长的；还有有盖、无盖，有底、无底的差别。

　　1. 工艺流程

　　（1）取材：柏木、杉木、樟木、毛竹等。

　　（2）按桶的长度、高度，将木料锯成段，再一片一片锯成桶板。

　　（3）按桶的大小计算出圈形长度，用退堂（长刨的一种）按斜度刨平。

　　（4）每块板用索钻在一边各钻一个孔，用竹梢和鱼胶将孔穿透，用胶连起来，拼凑成圈。

　　（5）拼凑好后，用竹丝做成箍，将桶箍起，用刨二次刨光后，换成铁箍箍牢。

　　（6）按桶的大小尺寸计算出桶底的长度、圆度，锯好后安装。

　　2. 材料工具

　　工具：退堂、锯、凿、长尺、墨斗、圆规、鸟刨、圆刨、短刨等。

　　材料：木头、毛竹、鱼胶、铁箍。

　　3. 产品用途

　　桶可分为桶盘、菜桶、横桶、行斗、洗脚桶等。除此之外，还有浴桶：洗澡、洗被用。磨酱桶：磨豆腐用。考篮桶：送礼物用。水桶：挑水用。便桶：担粪用。稻桶：打稻用。总体来说，多是供农用和家用。

　　4. 传承状况

　　箍桶的传统手工技艺多是三代祖传。嫁妆桶为细作，现这种工艺已濒临失传。家用的大桶、稻桶、便桶、水桶为粗作，但目前因塑料桶已代替了木桶，也很少有人做了，现在多是修修补补而已。

　　此外，在大战索村、尚仁村与垟塈村也有类似的传统技艺。

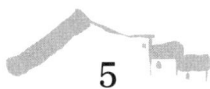

5

"会选科第"管山村

管山村位于仙居县东南部,现属南峰街道,距离仙居县城 3 千米;村域面积 10 平方千米,其中村庄占地面积 180 亩;现有户籍人口 1382 人,常住人口 1650 人。村庄的农业主要是蔬菜种植,此外还有一些村办企业,因此村内居民的生活水平相对较高,村民人均年收入 1.4 万元。

管山村起源较早,隋末唐初天台宗五祖章安灌顶大师曾来安洲山一带传经说法,后人为了纪念灌顶大师,特称此地为"灌山",后因谐音便称为"管山"。据传,唐长庆元年(821),李世民六世孙李道古深知朝政复杂,卖掉宅邸,携带三子、四子及夫人到仙居管山小夹岭隐居。自此,李氏族人便在管山一带繁衍生息。至明清时期,管山村已成为仙居有名的大村落。

管山村处于群山环抱之中,永安溪萦绕其旁,并与风光秀丽的南峰山遥相呼应。这是管山村典型的地理环境。据民国甲申年(1944)续修的《仙居管山李氏宗谱》载,管山旧时有"灌山八景"之说,并有诗作留存。八景中的"石龙淋雨",被列入"仙居八景"之一,历代文人墨客多来此赋诗题咏。民国时期,曾有一位诗人题诗《塔山夕照》,诗云:"一山屹立在溪边,七级浮屠镇上巅。返照夕阳看倒影,塔光山色入深潭。"此诗形象地描述了此地美景。

通过对大部分古村落的整理可以发现,多数古村落沿仙居—金华古道分布,管山村便是古道沿线中发展较早、较好的一个。管山村与其他传统古村落不同,其特点主要表现在两个方面:一是离城区较近,处于县城区块内,发展程度较

周边环境

安洲塔

村落肌理

会选科第台门

高，居民生活水平也较高，且有组织较好的文化活动；二是传统建筑占村内建筑的比重较高，但由于经济发展程度较高，传统建筑及传统文化遭受的冲击也较为严重。

　　管山村现有县级文保单位7处，全部传统建筑占村庄总面积的55%，历史环境要素共计12类20处。建筑风貌整体破坏较为严重，但少数保存下来的建筑完整度较高，建筑质量也较好。其中保留较为完整的古建筑有南峰耸翠台门、会选科第台门、李氏宗祠等。

　　南峰耸翠台门始建于清晚期，占地1714.75平方米，主体建筑共有四进。其留存的雕花完整度极高，包括门侧的对联、彩绘，以及"梅兰竹菊"的图案，都极具价值。除此之外，用于防火的鸱吻，装饰用的狮子绣球、喜鹊登枝和"管山景"壁画，都充满了美感。这些都是管山村历史文化的象征。

　　会选科第台门建于清同治庚午年（1870），占地1122.04平方米，外墙置六翼马头，门楣上留下较珍贵的史迹。它是一个单体四合院式结构的台门。门楼前，有一排空斗式照壁立于塘北岸。门楼全用青油石砌筑，门楣上镶着一块石匾，题额为"会选科第"。石匾四边有花草、卷云等浅浮雕，形态简洁生动。门楣上的深浮雕似二龙戏球，又似彩绸系结，颇具威武之感，又含吉庆之气。

李氏宗祠在管山村村东。它坐北朝南，砖木结构，主体建筑分为正堂、戏台、文昌阁三部分，呈四合院式格局。

管山村的古建筑虽破坏较为严重，但其建筑特征仍较为完整。如具有特色的牌坊、门前的水塘和影壁等，都遵循了中国传统的建筑理念。此外，这些传统建筑还有着别具一格的特点，如在其他地域出现的三叠鹊尾式马头墙，在管山村演变为四叠鹊尾式马头墙，其中一些建筑还具有中西合璧的特征。

在建筑细部方面，由于管山村多出官宦士子，所以村内的建筑较为精致，除别具一格的雕花、门楣、文字外，方、圆形中心对称的石窗也有所保留。其

南屏耸翠

梅兰与鸱吻

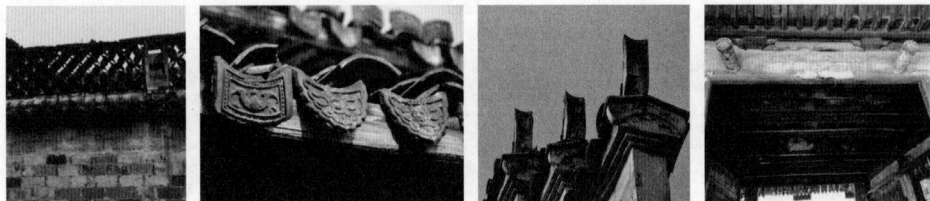

建筑细部

中的建筑特色主要表现在以下几方面：一是萧墙，这在其他古村落中较为少见
的；二是石柱，其中"八福"雕花的墩柱体现了主人的善意；三是旗杆，在传统
社会，中举者家门前多会立一根旗杆，可惜年代久远，多数旗杆不复存在。官
宦人家才可放置的石鼓、石雕、铜钱铺地等，可谓是管山村的另一个特色，这
些建筑无一不是在诉说它们的主人昔日的地位与辉煌。

　　管山村村民非常重视对传统文化的保护，这不仅从古建筑的细节之中可见
一斑，还体现在村民的日常生活中，如传统的捣麻糍、磨豆腐、民间的舞蹈、
传统体育活动、戏剧表演等均是传统文化在现实生活中的重现。

　　此外，管山村有众多历史名人：唐太宗李世民第十四子曹王李明的玄孙皋
公，被封为嗣王，曾任温州长史；皋公之长子道古公，偕妻崔氏及两子遁居于
乐安小峡岭大屋基，为管山李氏之祖。宋代时期管山村还出了九位进士，分别
是李由、李由弟李康、李由子李道夫、李介石、李次葵、李居安、李埙、李元
英及李元光。除此之外，管山村的名人还有兴建正觉寺的李举、任都察院分巡
江西道御史的李孝丰、曾被授予陆军中将的李振华。

管山村乐队

传统
建筑

管山村传统建筑调查表

编号索引	建筑名称	建筑规模	建筑年代	材料与结构形式
1	南屏耸翠	1714.75	清	砖石
2	会选科第	1122.04	清	砖石
3	文昌阁	160	清	砖石
4	李氏古宗祠	430	清	砖木
5	古戏台	90	清	砖木
6	乡进士	300	清	石制
7	吾爱吾卢	400	清	砖石
8	亦爱吾卢	750	清	砖木
9	书院前	1250	清	砖木

村落
文化

蒋仙人的传说

相传在仙居南峰街道管山一带，有个能呼风唤雨、祛病消灾的神佛蒋仙人，深受人们的崇敬与爱戴。以前，每逢天旱少雨时，人们就持香祈求蒋仙人降雨，每次都很灵验，即便是万里晴空、红日当头，只要蒋仙人应允的时辰一到，就见乌云翻滚、雷声渐起、天降甘露。据传在降雨时，在屋瓦背上有鱼虾在跳跃，人们说这是蒋仙人请东海龙王搬来东海之水下的雨，因此出现鱼虾竞跃的奇特景象。

管山一带由于受蒋仙人的保护，自古以来，地里的农作物都产量稳定。因此，这一带百姓为了感恩，就把原来建在九龙岗山上岩的蒋仙人神像搬迁至山下，并在村中的文昌阁里将蒋仙人的神像塑在关公神像左边，而且为蒋仙人雕刻行钟（用木头雕刻，可以移动神像）。传说蒋仙人在七八岁时受神仙广成子点化得道成仙，因此蒋仙人神像一直是一位活泼可爱的孩童形象，头上梳妆成结丝桃。古时，塑像是在大殿里固定不动的，唯独蒋仙人的神像配有行钟，每当需要求雨时，人们就把佛像请到轿中抬着走。

有一次，求雨队伍行进到了船山村郭氏娘娘殿附近，这使殿里的郭氏娘娘有些不快。她想："你这小孩为百姓办事虽然好，但不应藐视我郭氏娘娘，竟敢到我的领地范围显灵。平时人们都夸蒋仙人怎么怎么灵验，今天娘娘我倒要试一试你的法力如何。"于是，郭氏娘娘使出法力，突然间天降大雨，想把蒋仙人的神像淋湿，令其当众出洋相。但是，奇怪的现象出现了，瓢泼大雨怎么也淋不到蒋仙人的神像上，只能落在求雨队伍的后面。当队伍到本神位后，众人一时兴起，高呼三声"阿货"（仙居方言中齐声呼喊的号子），结果，郭氏娘娘殿的墙突然倒塌了一角。

第二天，郭氏娘娘殿的住持对人们说：他昨晚得了个梦，梦见蒋仙人来娘娘殿，向郭氏娘娘赔礼道歉，并把倒塌了的墙重新砌好了。郭氏娘娘说："你为百姓降雨是好事，我不怪你了，我只是试一试你的法力如何，希望你今后多多为百姓做好事！"人们到那倒塌的墙角一看，发现昨天怎么也无法砌回的墙角头已经完好如初了。大家都惊奇不已！

石龙山的传说

"石龙山，石龙山，石龙山上有宝岩；自来米，自来油，自来麦面做馒头。"这是在南峰街道管山、上应、下陈一带老幼皆知的顺口溜。

这顺口溜源于一个神奇的传说：南峰街道下陈村旁山峦起伏，绵延十余里。其中有一山，其状如龙，龙头、龙身、龙尾一应俱全；且有两块巨石对峙，酷似龙角；褐红色沉积岩山上布满小若蚕豆、大似鸡蛋的石粒，犹如龙身鳞甲；两边山梁斜坡匍匐下伸，恰似龙爪。整条"石龙"栩栩如生，如鬼斧神工，此即石龙山。

石龙山因龙得名，因龙建寺。宋开宝八年（975），在石龙山一处低凹开阔地带，善男信女建起了正觉寺。寺前有一空心松树，虬枝盘绕。寺院右侧有一岩石，岩石中有三条石缝。相传，三条石缝分别能流出茶油、白米与小麦，且长年不断。奇怪的是，每次流出来的油、米、麦刚好够供寺院点灯照明及和尚食用，不会多也不会少。后来，有个和尚起了贪念，偷偷地把石缝凿大，想让它多流一些出来。结果，这三条石缝再也流不出东西了，寺院里的和尚只好出去化缘。不久，全县各地不约而同地流传了一首歌谣："台州六县有奇宝，不供百姓供丈老（和尚），只因丈老贪心高，从此失落这奇宝！"

仙居民俗

民间的"贡童"习俗

古时候，神佛多是人们最为相信、最想依赖的心灵依托。实际上，在求神时是不可能有神佛真的开口说话。传说神佛需要通过"贡童"把神的言语传给人们，这便有了"贡童"。此习俗一直流传到"文化大革命"初期。

"贡童"只能由有一定功夫和法力的道士充当。他们大多从小就开始习武，练成以后开始做"贡童"。召神要择好日子，选定吉日及吉时才能开始。人们请"贡童"到要召神的寺庙前，摆好供品；先由住持带领，后随十几个青壮年，手捧香火，口中重复念着召神歌诀，围着"贡童"转圈。

召神歌诀有多种多样的喊法，一般开头几句都差不多。以管山一带召蒋仙人降雨为例："一召天门开，二召神法来，三召蒋公仙人来……"还有其他一些仪式要求，现多已失传。

商旅文化 型

行到危山仆已痛，此身强健不须扶。
回头指顾重冈险，得似人心险也无。
——陈公辅《题苍岭》

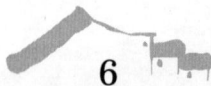

6

"龙形古街" 皤滩村

皤滩村，又名皤滩古镇，位于仙居中部的河谷平原，是台州灵江流域与浙西丘陵山地的水陆交汇点，距仙居县城 22.5 千米，现行政面积为 68 平方千米，人口 1.5 万人。皤滩村因其保存完好的古街、古建筑群以及杰出的非物质文化遗产而成为国家级历史文化名镇（村）。

皤滩村周边山川十分秀丽，《郑志》中有言："皤滩囿万山中，壁峭岩陡，万壑争流。朱姆岩左耸，五溪环右，双岗尖下伏虎山，蟹坑岭后连鼎山。迥拱壁立韦羌山，岩于东南，万竹山旋绕于西南。覆船山拱前，五水绕后。大溪会诸流而潆回水门之外，可谓兼山川之胜而建邦者矣。"皤滩村选址于永安溪独一无二的五溪汇合点，也因此有"夜观五月"（指有五个月亮倒影）的独特景观。皤滩村又是水陆交汇之地，沿灵江、永安溪的水路在皤滩拢岸。通往浙西的苍岭古道也在皤滩起步。这种连接东南沿海与浙西内部的优越的地理位置，使皤滩逐渐形成处于水陆交汇点的物资（主要为盐、布匹、山货等）集散地，"白滩集"应运而生，皤滩村也慢慢形成规模。

皤滩村历史悠久，发育于唐宋，成熟于元代，鼎盛于明清，其时八方商贾云集，名洋海内外。历史的沉淀和积累赐予皤滩"千年铸就、骨色相和、物华天宝"的特点。皤滩至今仍然保持着完整的街巷，主街道呈东西走向且长达 2 千米，似龙形分布：西龙头对着五溪汇合点，东龙尾绕过下街长生潭，中段弯曲成龙身，后街路与水埠头恰似龙爪，惟妙惟肖。整条"龙街"除中段的几十米

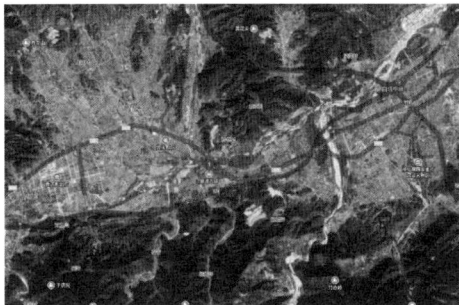
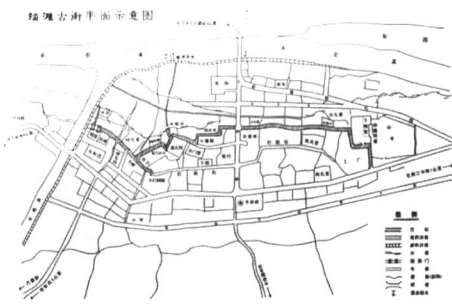

周边环境   村落肌理

龙形古街

用青石板铺就外，其余全都是用精选的鹅卵石镶嵌，状似龙鳞。其色泽青灰，古朴凝重，用鹅卵石嵌图做装饰的风格在此被用到了极致，成为皤滩的一大看点。古镇中心至今保存众多历史古迹，其多数反映明清时期古建筑的风格。这些古建筑群雕梁画栋，飞檐翘角，其中楹联、匾额、官报等随处可见。古镇中染坊、药店、布庄、钱庄、当铺、客栈、酒肆、宗祠、寺庙、家宅等鳞次栉比，店名牌匾密布，古镇当年的繁华也尽显其中。

古镇中的建筑布局则体现了我国特有的文化和封建等级制度。其主要表现形式为两侧建筑物的朝向。皤滩古街自东向西延伸，建筑朝向以坐东南朝西北为主而非正南或正北，这是因为封建社会严格恪守尊卑等级的社会规则，彼时南为至尊，只有宫殿、衙署、庙宇的门才会朝正南方向开，一般民宅的朝向以坐东南朝西北为准。沿街建筑以明清时期的"四间封"特色见长，即每三间或四间店为"一封",两端各立一堵防火墙,部分墙边安排左右(南北)或前后(东西)台阶,用于疏通水流或人流。

古街店铺多为前店后坊(或库)、前店后埠(或户)的格局,门面为双开门,宽窄不一,形成了小型多样的特色。临街店面使用开敞式木排门,我国浙、赣、皖一带的明清特色建筑都能在皤滩找到。此外,古镇建筑还有自己的特色,具体表现为:四面围合,走廊迂回;四侧有厢,前后与外连通,其飞檐、瓦当、斗拱等均有不同的雕饰;门堂天井成方,且都以鹅卵石镶嵌成各种图案。从雕刻到彩画,工艺十分精湛,极具艺术感染力。古镇内保留的大量古建筑中,梁架、牛腿、雀替、门窗等处拥有大量的石雕与木雕,其雕刻精美,栩栩如生,体现了我国古代珍贵的雕刻艺术。这些建筑是民间文化的珍宝,具有较高的艺术价值。另外,古镇还保存着很多匾额,为后人提供了珍贵的现实史料。

皤滩古镇是我国古代江南山区农村古镇文化的典型缩影,是古代农业文化与商业文化、海洋文化与内陆文化的交汇处,也是研究我国古代农村集镇繁荣兴衰不可多得的案例。2008年,皤滩古镇被评为中国历史文化名镇,被诸多国内外专家誉为"浙江省少有的保存完整的古文化遗址""浙江第一古街""浙江最美古镇""不可多得的瑰宝""中国古街文化的博物馆"。

防火墙

马头墙

胡公殿

老街

陈氏宗祠

春花院

针刺无骨花灯

仙居
民俗

针刺无骨花灯

针刺无骨花灯是皤滩一绝。此灯造型别致，工艺独特，制作精巧，古朴典雅。更奇的是，灯身没有骨架，而是由绣花针刺成各种图案的纸片粘贴而成，因此具有玲珑剔透、轻巧能飞的特点。仙居无骨花灯结构独特，工艺复杂，是相当难得的民间艺术精品。台州俗语中就有"临海的城、仙居的灯、黄岩的乱弹呀呀声"之说，足见花灯的名声和地位。自唐代开始，花灯作为贡品每年上贡，针刺无骨花灯被誉为"中华第一灯""华夏一绝"。此外，山下村的无骨花灯也非常有名。

仙居针刺无骨花灯作为浙江省仙居县汉族传统工艺品，具有历史悠久、分布广泛、种类繁多的特点。

1. 历史渊源

仙居针刺无骨花灯发源地在浙江省仙居县皤滩，因起源于唐代，又称"唐灯"或"神灯"，明清时技艺趋于成熟。据当地宗谱记载，明万历年间，皤滩已有盛大的闹花灯活动。家家挂上"状元灯"，表示书香门第，预祝状元及第。现在皤滩古街的"大明堂""大学士府"的梁柱马腿上就雕有这种"无骨花灯"。清代时期，灯的式样、品种进一步发展，其中有一种叫"珠兰灯"的花灯，灯周围的花纹由一种叫"水上浮"的绣花针刺成，是进献皇帝的贡品。

2. 艺术特色

仙居针刺无骨花灯融绘画、刺绣、建筑艺术于一体，造型别致，空间感强，立面变化丰富，结构细腻生动，是传统女红技艺的杰作。无骨花灯的花色品种曾经多达80余种，现经抢救恢复至27种，挖掘、保护工作还有待进一步深入。

3. 单灯种类

仙居针刺无骨花灯单灯主要有花篮灯、奎头灯、球形花篮灯、小宫灯、绣球灯等几大类。

4. 工艺流程

仙居针刺无骨花灯的制作工艺十分复杂，要经过绘图、粘贴、熨纸、剪订、凿花、拷贝、刺绣、竖灯、装饰等十多道主要工序，每道工序都由专门的技术人员操作。

5. 保护措施

2006 年，经国务院批准，仙居针刺无骨花灯被列入《第一批国家级非物质文化遗产名录》。仙居花灯传承人主要包括国家级传承人李湘满、浙江省级传承人王汝兰及陈朝华等。

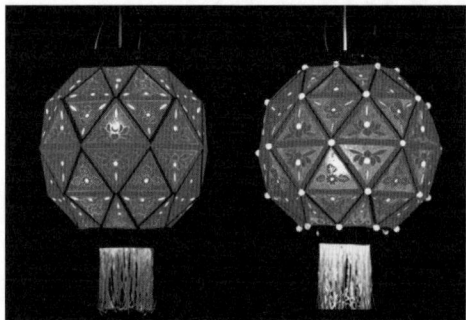

琉球灯

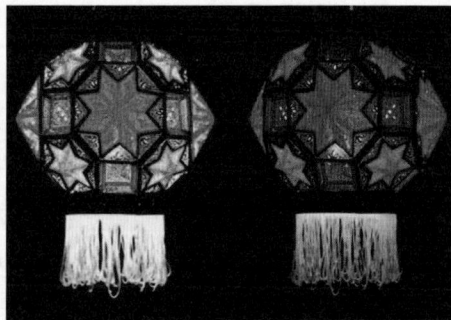

莲花灯

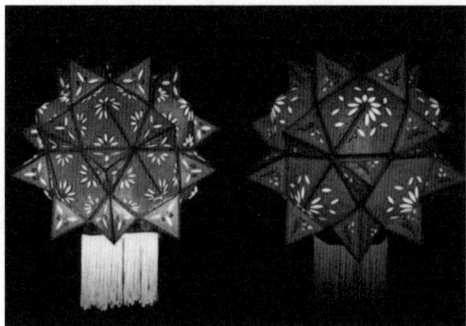

荔枝灯

绣球灯

7

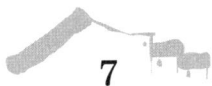

"古道驿站"苍岭坑村

苍岭坑村位于浙江省仙居县横溪镇西部，现村庄占地面积5.33公顷（1公顷＝10⁴平方米），户籍人口871人，常住人口421人。村民收入主要来自农业及外出务工，当地农业主要为水稻与水果种植。

苍岭坑村村名来源于其附近的一条古道，该古道名为苍岭古道，是以前一条重要的运盐商道。苍岭古道为古时通往金华、丽水及江西内陆的交通要道，在整个仙居县内围绕苍岭古道设置了类似运盐的驿站，而苍岭坑村便是由当时的一个驿站所在地逐渐发展起来的村落。

"片山成一谷，两水竞相拥；择水定而居，集中连成片"是苍岭坑村的选址风格。村南部为牛头山与狮子山，苍岭坑村依托苍岭古道傍水而居，发展成为

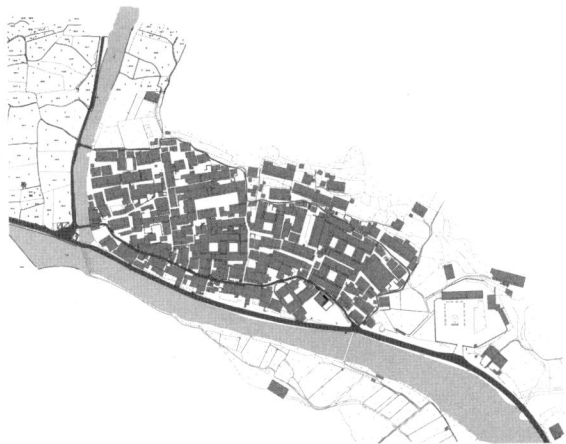

村落肌理

一个房屋成片布置的村落形态。村中的传统资源极其丰富，拥有古道1处、古树8处、古水潭1处、古桥5处、古河道2处、驿站2处、古井3处、古石碑石刻8处、路廊1处、龙王殿1处、七星水塘1处及传统公共空间3处。这些古遗存均保存较好，能够清晰地反映古时人们的生活场景与生活状态，具有极高的研究价值。

建筑以四合院格局为主，沿"8"字形路网贴街而建，房屋布置错落有致，显得紧凑而不拥挤，街巷曲径通幽，别有一番韵味。村落中的建筑包含戴氏宗祠、古戏台、清代商铺、清代纺纱厂、清代民居等。其中，戴氏宗祠为仙居县级文物保护单位。此外，存留下来的古建筑形式有马头墙、窗花、门罩、门楣、斗拱、雀替等，都很精致。木结构房屋也保存良好。建筑内部以木雕刻的构架较为突出，如屋檐下的凤梁、斗拱、牛腿、雀替、月梁等，雕刻丰富。较有特色的是牛腿和斗拱，均以人物戏曲表演的形式雕刻而成。门上、窗上也刻有形式各异的雕花，展现出当地独特的建筑风格。

整体风貌

建筑细部

传统文化

　　至今，村中仍传承着制作龙灯、山茶油、米酒、笋干及仙居面等传统技艺，保留着二月二舞竹龙和踩高跷的传统习俗。舞竹龙是苍岭坑村每年必会举行的节日活动，其活动范围广，依存程度较高。

　　苍岭坑村名自古道，原为戴村。始迁祖在南宋时从福建莆田迁居至此，宗谱保存完好，详细地记录了其家族和村落的历史。宗族中有完善和严格的族规，世代相传，使族人保持着良好的风气。此外，宗谱中还记载了族中的历史名人、族规祖训等。如记载家训为："孝、悌、忠、信、礼、仪、廉、耻、勤耕读、勿盗窃、禁奸淫、慎婚嫁、禁争斗。"宗谱中也记载了戴希贤、戴宏演、戴臻象、戴瑞、戴彦信等有历史影响力的人物。村中还保留着明左都御史吴时来赠戴氏族人的匾额，称戴宏演为"南台世范"。

　　此外，苍岭坑村受徽州文化影响，在村内越剧和徽剧两个剧种的印记。每逢重大节日、婚丧嫁娶，村内都会有组织地进行戏剧表演。这种艺术是文化的传承，记录了村民的集体记忆。

传统建筑

苍岭坑村传统建筑调查表

编号索引	建筑名称	建筑规模	建筑年代	材料与结构形式
1	戴氏宗祠	515	清	砖石
2	下透双四合院	1303	清	砖石
3	下透四合院	1080	清	砖石
4	门楼里四合院	1373	清	砖石
5	屋基坦长形民居	1226	清	砖石
6	古商业街商铺	192	清	砖石
7	夯土建筑	1184	20 世纪 50 年代	砖石

村落文化

村落文学

苍岭坑村历史悠久，文化底蕴深厚。作为古代盐道的起点，村内聚集了各地的商贾，促进了文化交流。村内涌现出了许多名人，文人墨客在游玩苍岭古道的途中也留下了丰富的诗词。

据史料记载，早在隋唐五代，就有过往文人吟咏苍岭了。如唐代严州刺史刘昭禹，曾留下了一首五言律诗《括苍山》："尽日行方半，诸山直下看。白云随步起，危径极天盘。瀑顶桥形小，溪边店影寒。往来空太息，玄鬓改非难。"刘昭禹是婺州人，他大约是从台州回来，走了大半天才到达苍岭的半山腰。来往苍岭的确不是易事，也难怪他会有累白了头的感叹。这诗既透露着几许路途艰险的落寞，也洋溢着对两边美景的无限赞叹。相比之下，六朝的兵部尚书赵大祐过苍岭时，就显得轻松多了。他是武举人，体质硬朗，在"披襟入深雾"后，满耳是四山的"鸣泉"，这一切给他的感觉是"人疑来异界，身似向重天"。

徐似道《题苍岭》："看山每恨眼不饱，上马岂知程可贪。还我一筇双不借（草鞋），缓从云北过云南。"宋代人留下的咏苍岭的诗比较多。如吕声之的七言绝句《括苍山行》："微风吹雨湿栏干，薄雾笼晴带浅寒。一树红梅墙外发，谁家美丽倩人看。"陈公辅的七言绝句《题苍岭》："行到危山仆已痛，此身强健不须扶。回头指顾重冈险，得似人心险也无。"杜师旦的诗："人云蜀道苦难行，我到云间两脚轻。山险不如心险否，心平履险险须平。"翁卷的五言律诗《处州苍岭》："步步蹑飞云，初疑梦里身。村鸡数声远，山舍几家邻。不雨溪长急，非春树亦新。自从开此岭，便有客行人。"此诗描述了一幅苍岭山村卷：片片飞云，喔喔村鸡，家家山舍，潺潺溪水，绿绿春树，踽踽行人，均表现出括苍山的美丽。正因为括苍山美，所以才有宋人李辅望的《括苍山》诗："括苍山上云，山好云亦好。可怜山下僧，看云不知老。"

南宋的哲学家、教育家、理学集大成者朱熹也曾数次经过苍岭。据《宋史·朱熹传》和《朱文公文集》载，宋淳熙九年（1182），朱熹提举浙东常平茶盐公事，巡历婺州、绍兴等地后到台州，八月十八日离开台州，二十二日入处州缙云地界。他有一首七言绝句《度苍岭过雁门》："出岫孤云意自闲，不妨王事任连环。解鞍盘礴忘归去，碧涧修筇似故乡。"这写的是他爬上东苍岭后的心境。朱熹在雁门美化书院与仙都独峰书院讲学多次。后来，他再去台州，他的入门弟子陈伯固写了一首送行诗《送考亭朱夫子赴台》："羸马踏残月，荷策登泮宫。入门见先生，先生何从容。循循善诱能启下，青蒿因得附长松。乘骢直上天台路，只缘此去何由从？"依依之情，溢于言表。

南宋的宁波人楼钥也是一位文学家。他曾在温州任职，也数次经过苍岭。他写的七言绝句《过苍岭二首》十分精彩："黄云满坞沙田稻，白雪漫山荠菜花。路入缙云频借问，碧香酒好是谁家？""崇朝辛苦上孱颜，泥径初平意暂闲。苍岭东头移野步，眼前便是处州山。"楼钥是南宋高官，曾任枢密院同知和参知政事，他喜山乐水，把翻山越岭当作一种乐趣，在他的诗词中体现了一派乐观向上、充满希望的气势。此外，他还有一首五言律诗《自柯山归再过苍岭》："雨后过苍岭，平生行路难。

危层惊步滑，绝涧觉心寒。就岭山逾险，趋平谷更盘。年来经世故，不作险途看。"此诗写的仍是过苍岭的艰险，但他觉得与经历过的社会世故与官场上的尔虞我诈相比，这苍岭的艰险又算得了什么呢！这最后的尾联，的确使人警醒！元诗云："披襟入深雾，四山乱鸣泉。人疑来异界，身似向重天。犬吠云中舍，农烧涧底田。"由此可知，当时的苍岭，尽管山高岭峻，人烟还是比较多的。

元末明初时，经过苍岭的历史名人首推青田的刘基。他于元至正十二年（1352）八月自台州去永嘉，翻越苍岭时作诗。诗中详细描述了经过苍岭时的艰难险阻。《壬辰岁八月自台州之永嘉度苍岭》诗："昨暮辞赤城，今朝度苍岭。山峻路屈盘，峡束迷暑景。谽谺出风门，坎窞入天井。冥行九地底，高阁群木顶。瀑泉流其中，绽若泄溟涬。哀猿啸天外，去鸟飞更永。仆夫怨跋涉，瘦马悲项领。盗贼逭天诛，平人遭灾眚。伫立盼岭岑，心乱难为整。"刘基曾数次经过苍岭，苍岭各山村如今还流传着"刘伯温夜宿两里半"的传说。被明太祖朱元璋称为"开国文臣之首"的浦江人宋濂也曾经过苍岭。那是明洪武五年（1372）的春天，他"奉朝廷敕旨巡察"天台郡，剿除了一个叫"丹山"的地方的"小寇"，回去时经过缙云的苍岭。当他爬上风门，穿过南田村、冷水铺，来到棠慈方向与壶镇方向岔路口的银塘村时，被一群人拦住了去路。他们向宋濂深深作揖后说："学士大人不辞辛劳经过我们苍岭，我们感到十分光荣。刚好我们宋氏同宗正在纂修宗谱，想请大人替我们作一篇谱序，不知可以吗？"宋濂一听，知道这些人原来是迁住在附近大塘村的宋姓本家，自然十分乐意，于是当晚宿大塘村。他细细查考了谱牒后，为之撰写了一篇《宋氏宗谱序》。

到了清代，过往苍岭的文人也不少。诗人李绥祺的《青芝山房诗集》中曾有一首描述苍岭的七言律诗《括苍岭上行》。诗云："名山列障好溪东，古洞深幽未可穷。陟岭初如人面壁，登峰遂若马行空。遥遥一水成衣带，历历千家隔彩虹。信是石梁仙路近，遥闻笙鹤过云中。"他诗中写到的深幽不可穷的"古洞"究竟在哪里呢？至今仍是一个谜。自称"太鹤山人"的青田人端木国瑚，有一首长诗《苍岭》，足足三十二句，可以说是书写苍岭的诗中最长的一首了。他以磅礴的气势，写了苍岭的高"天入括苍天欲低，翠微直上云与齐"，写了苍岭的气魄"倒吸银河作雨飞，珠玑喷薄光无数"，写了苍岭的变幻"阴阳开阖荡云冥，奇变杂沓来仙灵"，写了苍岭的美"行人路出桃源中，衣上雨点桃花红"，写了登上岭巅的舒畅"足下走云如走马，扑面爽气涵青空"，甚至写了苍岭的多情"山灵有意弄奇谲，窅然深翠开鸿蒙"。刘廷玑《括苍岭留别台州同事诸公》诗云："岭在青云第几层？人从岭上忽飞腾。儿童骑竹新官道，父老簪花旧部丞。抱屈君言殊太过，虚怀自问本何能。圣朝有道君心愧，仍许山城食斗升。"

曾在壶镇安定中学任教的于人俊写有《丁丑过苍岭》一诗："括苍何耸拔，随步起流霞。野果红山径，秋花白岭家。有缘桃洞客，空志五云茶。回首钱塘路，愁云漠漠斜。"王镜澜写有七言律诗："崔巍苍岭若天高，著履行来意气豪。两岸烟迷红树杏，一肩风送白云飘。悬崖复磴重重锁，盘石横山叠叠牢。放眼直看天地小，教人一步一忘劳。"

仙居民俗

麦饼烧制技艺

1. 历史沿革

做麦饼俗称"拓麦饼"，这是苍岭坑村在明清时期便有的习俗，因为当时有男主外（包括招呼客人、田间耕作）、女主内（包括纺棉织布、烧饭做鞋）之说。麦饼是面粉类餐食中较难制作的一种，要掌握水和面的比例，使粉块柔和。麦饼可招待客人，亦可作礼赠送，如请人种田插秧，需送每个人一咸一甜两个麦饼，这叫种田麦饼。还有逢农历四月初八为耕牛生日新麦的第一个麦饼喂牛之习俗，谓之赏心麦饼。

2. 工具材料

材料：取上等小麦粉作原料，若面粉发霉，则不能用，因为发霉的面粉易吐水、黏手。馅子可分为甜饼馅与咸饼馅两种。

工具：盛麦粉的容器、擀麦棒、麦饼样、窝灶。

3. 工艺流程

先将面粉掺水，按比例拌好后放 20 分钟左右，使其面性柔和。再将馅子调好咸淡，拌好湿度。先将面粉控成饼状，放入馅子后封口，用擀麦棒将放入馅子的饼从中心向四周揉，使馅子射向四周，要反复揉，使两面厚薄相当。下锅烤时要用猛火，翻烤时以小火为宜，避免烤焦，当内外皆熟后出锅。

4. 习俗

过去，拓麦饼是有季节性的，一般是在小麦丰收的季节，第一餐要拓麦饼，意味着一年开开心心。

5. 传承状况

历史上因为受生活水平的限制，仅逢节气才有此饼。现在，随着生活条件变好，麦饼早已不是逢节而食，成了家常便饭。制作技艺以婆婆传媳妇，母亲传女儿，代代相传。

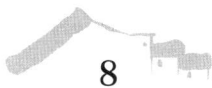

8

"商旅古道"兴隆村

　　兴隆村是仙居县朱溪镇的行政村,位于朱溪镇东南角与黄岩交界的山区,村庄周边几乎都是山体,溪流从村前流过,溪边少有的平地显得弥足珍贵。此村庄主要分两个自然村,分别是包下村与大邵村。

　　包下村位于朱溪镇东南方向约12千米处,占地0.8公顷,户籍人口235人。村庄历史可追溯到明代,因当时家族发展,兄弟分家,其村庄始迁祖从朱溪镇溪上村迁出,定居包下村现址,后逐渐形成村落。

　　大邵村位于朱溪镇区东南方向19千米处,在大邵坑北岸的缓坡上,占地2.6公顷,户籍人口420人。村庄先祖从温岭迁出,定居于大邵村现址,现已经繁衍了26代。

　　兴隆村位于仙岩古道的一个节点上。整个村庄周边有很多毛竹,村民古时会利用毛竹造纸或者充当食物。包下村比较小,突出特点是村子里所有的建筑

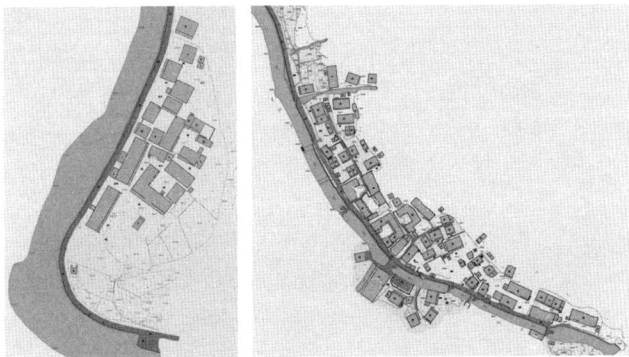

村落肌理

都是石砌的,故有"石头村"的称号。大邵村沿溪而建,沿西南方向走则会到另一个县,所以它是仙居的一个交通点。因大邵村、包下村地处相对比较偏远的位置,所以还保留了一些传统歌谣。如《九溪十八渡》,唱的是千年古道上每渡一道河都要挽起裤子。通过这首歌谣,可以推断出千年古道的位置比较偏远,或当时他们走过的路上有着蜿蜒的水道,这也反映了先祖们经商的不易。

村落周边以山体为主,整个村庄的农田非常少,主要是沿着西边的一小块平地。包下村就是在一小块平地上建的,大邵村则是在坡地中建造的。兴隆村与朱溪镇相似,都有红色的岩石。顾名思义,朱溪是指红色的溪流;这条溪流经过包下村的部分被称为包下坑,经过大邵村的部分则被叫作大邵坑。其实它们是同一条溪流,这是当地比较有趣的命名方式。

在村庄的选址方面,大邵村处在两座大山之间,从此村再向东古道会越来越窄;若从大邵村向山上行,则会发现朱溪在半山腰有一块儿面积较小的平地。因为整条溪流中间很少出现平的地方,夹着溪两岸的多是陡峭的山坡,所以此地便成为包下村先祖定居的地方,古人在此临溪依山而居,逐渐发展成为现在的包下村。

兴隆村的传统资源以古树为主,此外还有一些石桥。这些石桥多是古时盐商文化的体现。石桥不用较大的石头所砌,而是就地取村子附近的软石。这些大大小小的软石在河道中极为常见,一些地方的石头会特别大,如披头岩、披

整体风貌

头石等。关于披头石还有这样一个传说：一次，太上老君下凡来到此地寻找炼丹需要的五彩斑斓石，在仙黄古道（仙居至黄岩）偶遇一位生病的盐商。盐商因为连日病困，精神萎靡，连走路也摇摇晃晃，后因体力不支而倒了下来，倒下去时头恰撞在了一块石头上，而那块石头正是太上老君所要找的五彩斑斓石。那石头平时只是一般石头的样子，碰到血便会有五彩之色。太上老君见状，让盐商披着头发躺在那石头上，片刻之后，盐商的病便好了。而那块石头就被附近的人们称为披头石。若说古树是兴隆村中分布最多的传统资源，那仙黄古道则是兴隆村最重要的传统资源了。仙黄古道至今依旧保留着比较完整的古步行道。道旁还有记载先祖治水的神鱼碑、进行宗教活动的太公庙，以及战争遗留下来的防空洞。

从村庄的结构肌理来看，包下村占据了比较平坦的地势，村庄的东面和南面有一小部分耕地；西边有一条公路，公路和山顶之间的平地都是村庄发展的区块；包下村整体以传统建筑为主。大邵村是沿着朱溪北面的路，一层一层向山上发展，它是一个建在坡地的村庄，南面因梯田的存在，分布着较少的公共建筑；从大邵村的整体结构看，它是呈长条形分布的。由于火灾与建筑物年久失修的原因，大邵村的一部分建筑已经倒塌与消失，所以现今看到的更多是现代的建筑。

兴隆村的村民已经用水泥来代替街巷的石板路，两边的建筑物的材质多以石头为主，这是该村建筑的一大特色。宗祠、大会堂、手工制品（笋干之类）作坊是大邵村主要的特色建筑，其余以民居为主。大会堂建于中华人民共和国成立初期，是相对较新的一个建筑，也是当时颇具特色的一个建筑。包下村建造的石砌工艺建筑多临近取材。在分布上，建筑物呈长条形，一间一间坐落在村落的古道旁。这里不像平原地区会有比较多的合院，但有零星三合院或者四合院。

从建筑细部来讲，主要为木雕，虽然没有其他一些村落中的那么精美，但仍有如寿桃、福字及梅花鹿等寓意比较吉祥的雕刻图案。

大邵村的传统文化比包下村多，如用竹子作为原料的手工造纸技艺及有关仙黄古道的传说等。从依存程度来看，这些传统文化主要以仙黄古道为依托。

周边环境

街巷空间

建筑细部

传统建筑

兴隆村传统建筑调查表

编号索引	建筑名称	建筑规模	建筑年代	材料与结构形式
1	包下一号建筑	654	20 世纪 50—60 年代	砖木
2	包下二号建筑	663	20 世纪 50—60 年代	砖石
3	包下三号建筑	775	20 世纪 50—60 年代	砖木
4	包下四号建筑	210	20 世纪 50—60 年代	砖石
5	包下五号建筑	380	20 世纪 50—60 年代	砖石
6	包下六号建筑	366	民国	砖木
7	包下七号建筑	282	20 世纪 50—60 年代	砖石
8	包下八号建筑	953	20 世纪 50—60 年代	砖木
9	包下九号建筑	174	20 世纪 50—60 年代	砖石
10	包下十号建筑	310	20 世纪 50—60 年代	砖石
11	大邵一号建筑	569	民国	砖木
12	大邵二号建筑	84	民国	砖石
13	大邵三号建筑	541	民国	砖木
14	大邵四号建筑	665	民国	砖石
15	大邵五号建筑	962	明	砖石
16	大邵六号建筑	339	清	砖石
17	大邵七号建筑	426	民国	砖石
18	大邵八号建筑	415	民国	砖木
19	大邵九号建筑	613	民国	砖石
20	大邵十号建筑	295	民国	砖石
21	大邵十一号建筑	432	民国	砖石

仙居
民俗

毛竹造纸工艺

兴隆村一带毛竹覆盖率较高，村民不仅会对毛竹进行简单加工，还会研究毛竹造纸的工艺。用毛竹造纸的工艺十分复杂。首先，从山上砍下较嫩的毛竹作为原料，将之与石灰一同在纸塘中泡几个月。然后，把它们打成纸浆，放进纸槽里，加水。接着，用帘把纸槽里的纸浆捞上来，压去水分。最后，将压去水分的纸浆送到晒纸车间，在加温的纸墙上晒干后才成为纸张。

这种制纸工艺工序复杂，且制作周期比较长，却是大邵村传统工艺，有着悠久的历史。相传这种工艺最早可追溯到明代。这在仙居县内是唯一以毛竹为原材料造纸的工艺。现今，这种传统工艺已濒临失传，会此工艺的老人在七八年前已不再用此法造纸，青年中更是没有人完全掌握这种技艺，也没有人再去学习。因此，保护这种毛竹造纸的传统手工技艺已迫在眉睫。

9

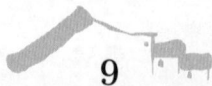

"高山仙鱼" 仁庄村

　　仁庄村位于仙居县西南端的溪港乡，距离仙居县城约 44 千米。仁庄村拥有 1900 多年的历史，可谓是一座千年古村，据说其历史最早可追溯至东汉末年。仁庄村村域面积 21.2 平方千米，户籍人口 1397 人。仁庄村以油漆、中药材生产为主要产业，2015 年人均年收入 8462 元。

　　村落周边环境优越，被青山、绿水、河滩、农田等包围。相传正是这里的山秀水灵、鸟语花香，吸引了仁庄的先祖来此定居。"两山夹一谷，三坑汇溪流"，村庄两侧青山对峙，永安溪从中流过，符合我国传统的村落选址的基本原则和格局。同时，这样的地形特点造就了仁庄狭长的带状平面形态，也使其内部道路纵横交错，从而构成了一幅鸡犬相闻、安详和谐的乡居生活图。

　　仁庄村的街弄空间保存得较好，街巷四通八达，从整体上看是以村中心的水池为核心而呈扇形分布，通过 5 条弄口向外辐射，再由大大小小的 27 条弄口连接而成。街弄内至今仍然保留着建造于 20 世纪 60—70 年代的驿道，这条驿道是通往温州的必经之路。因此，传统社会中的担盐者、挑货人及一般的行路人在赴温州途中，多会选择在这里落脚，这便造就了古时仁庄村的繁荣。驿道两侧曾有 18 家经销店（小商店），它们的店面、石板柜台紧密相连，家家户户都在门口卖粥或油圆，繁华的景象使其拥有"小香港"的称号。由于交通方式的改变，仁庄村已经失去了原有功能的古道逐渐萧条，但驿道两侧建筑和结构却保存完好，这些建筑外观恢宏简朴，造型庄重，色彩素雅，院落层次丰富，有着典型的浙派建筑风格。这些建筑与村庄的其他建筑一起展示了仁庄村的风貌。

　　仁庄村传统建筑的类型多为三合院、四合院建筑。合院建筑多为两层，依山

永安溪

周边环境

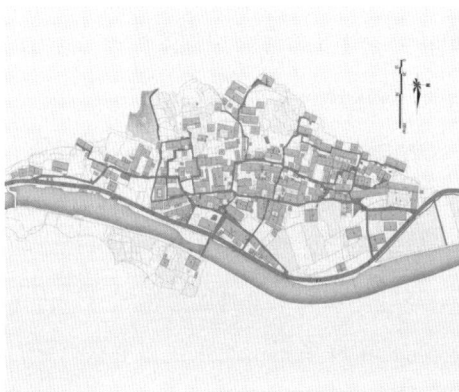
村落肌理

整体风貌

街巷空间

势而建，历史悠久的石头屋遍布全村且造型独特。据统计，目前有 158 座保存完整的石头屋，除了石头屋建筑，仁庄村最具特色的莫过于工艺精湛的夯土建筑。

总体上，仁庄村的建筑主要有以下三大特点。

第一，建筑类型丰富。从建筑用途角度看，目前保存的建筑类型有建于20世纪50年代的大会堂、古商铺、基督教堂、庙宇、政府用房、民居等多种类型。其中，民居依据建筑材料分，又分为夯土民居、石墙民居、夯土石墙混用的民居。各类型建筑依据其功能用途，在尺度、外观设计等方面也各不相同，却通过用材、色彩、山墙等元素实现整体风貌的统一与协调。

第二，建筑特色显著。在材质使用上，石材主要用于墙体和地面，借以体现山地建筑的特色。此外，马头墙林立、檐角飞翘又展现江南建筑的简洁灵动、婉约俊秀。

第三，细部构造精美。建筑细节主要在于屋檐、墙壁、门楣、门扇、窗体、月梁、雀替、牛腿、檐柱、柱础等方面。由于村落建筑多为清代建造，再加上后期破坏较少，所以仁庄村的建筑细部保留较为完好。建筑飞檐翘角，灵动俊秀；部分墙壁刻有花纹，宅门的门楣有绘制或雕刻的花纹，部分居室的门楣、窗体则进行雕花镂空处理，美轮美奂、精巧绝伦。最精彩之处莫过于月梁、雀替和牛腿三处的设计。部分建筑有大、小双层月梁，经过艺术加工，月梁形弯如弓，再在其上进行雕刻，更提高了趣味性和美观性。与月梁联系紧密的雀替和牛腿则更加细致和精美，其上有狮子、仙鹤、鹿、凤凰、花卉等木刻图案，寄托了美好的寓意。精美的细部设计体现了先人对古建筑极高的审美要求和精湛的雕刻技术，这些都是我国古代宝贵的建筑文化和地域文化遗产。

除多样的建筑文化外，仁庄村悠久的历史还孕育了丰厚的人文底蕴。它历来"崇学尚礼、敬老护幼"，至今还保存一道清代皇帝颁发给仁庄先祖，奖励其高尚的品格和杰出的贡献的圣旨。此外，仁庄村还保有一份五世同堂的图像，展示了我国传统的家族文化。仁庄村崇学向善的传统文化的另一象征是"天赐

石头墙　　　　　　　　　夯土墙　　　　　　　　下坛门堂庭院

雕花木窗

月梁

牛腿与雀替

圣旨

仙鱼石

古商铺

祥物"——仙鱼。2010年农历四月初一夜，一块大石头从山上滚到山下的溪里。第二天，村民发现了石头，因为石头形状像极了鲤鱼，大家纷纷称奇，就假想是"仙鱼"渴了想喝水才游到这里来的。于是，村里集资建造了"放生池"和"三面观音"，借以表达让"仙鱼"泽被乡邻、保佑百姓的愿望。每逢节假日，众多游客慕名而来，并喝一口甘甜的溪水，借以祈求自己的心愿可以实现。

　　古老的历史还给仁庄村留下了众多的历史印迹。这里有8棵古树（树龄短则数百年，长则千年，树种以柏树和樟树为主）、15处古井（仍然是村民日常生活的重要组成部分）、14处古商铺、3处古池塘（旧时为防火及日常用水而修）、3处传统公共空间、1处口水殿（村庄宗教场所，周边古樟树成群）、1处基督教堂（建于民国时期）。这些历史要素已经融入仁庄村村民的日常生活和生产中，至今仍在为村民服务。

　　板凳龙、清音寺庙会、番薯粉制作、竹编、石墙夯土等传统文化与工艺，是仁庄村特有的非物质文化遗产。其中，板凳龙是仁庄村最具特色的民俗活动，获得仙居县级非物质文化遗产称号。相传其源于汉代，由"舞龙求雨"的活动演变而来，这种活动在仁庄村已传承数百年，举办时全村参与，规模较大。

　　总之，仁庄村不仅山清水秀，人居环境更是整洁卫生。此外，村中的公共配套服务设施比较齐全。在现代快节奏的生活压力下，仁庄村依旧可"坐看庭前花开花落，笑望天边云卷云舒"，是一处不可多得的释放身心、回归自我的好地方。

传统建筑

仁庄村传统建筑调查表

编号索引	建筑名称	建筑规模	建筑年代	材料与结构形式
1	大会堂	520	20 世纪 50 年代	砖石
2	下坛门堂	400	清初	砖木
3	新屋门堂	735	清初	砖石
4	下新屋门堂	2188	清初	砖木
5	食堂门堂	600	清初	砖石
6	食堂门堂	176	清初	砖木
7	二房门堂	1000	清初	砖木
8	里堆门堂	400	清初	砖木
9	对门门堂	200	清初	砖石
10	福根门堂	486	清初	砖木
11	下门山民居	964	清初	砖石
12	佛堂上门堂	560	清初	砖木
13	子屋	1356	清初	砖石
14	田门堂	404	清初	砖石
15	佳金门堂	352	清初	砖石

仙居
民俗

板凳龙

仁庄板凳龙历史悠久，据传最早可追溯到汉代，到中华人民共和国成立前夕消失。人们对龙崇敬、信仰，认为龙是天上吉祥的动物，是保护并造福人类的，因此，许多村庄都要请舞龙队去表演或每年正月按惯例自行巡演。其目的，一是丰富人们的文化生活，二是祈求未来一年国泰民安、风调雨顺、五谷丰登、六畜兴旺。

每逢春节和元宵，舞龙队敲锣打鼓，穿村绕庄地游行。板凳龙制作精细、气势雄伟、别具一格。每条板凳龙舞龙队的有数百人。

1. 表演内容、形式及特点

板凳龙由龙头、龙身和龙尾三大部分组成，采用木板、竹片、白纸和各类花纸制作。表演时配有白牌和鼓乐伴奏，鞭炮齐鸣，鸣锣开道。龙头由八个人扛，龙尾也要四个人扛。龙身可多可少，但至少五十节，多时甚至三百多节。龙身越多，表演起来欣赏性越强，但表演的难度也越大。表演大都在平坦开阔的广场。如没有广场，可在成片的麦田里盘旋，由白牌引路，龙头随后。表演时，大盘坛、小盘坛、倒旋等技巧使人看得眼花缭乱。

2. 服饰、道具

穿平日清洁、整齐的服装，不需化妆，不需道具。

3. 舞蹈音乐

京二胡、唢呐、笛、京锣、大铜锣、鼓等。

板凳龙

10

"贫中富垟"上江垟村

上江垟村位于仙居县城西偏南约 22 千米处，是横溪镇行政村，位于横溪镇区东北、永安溪北岸盆地中部。村庄位于永安溪的冲积平原，视野开阔，地势平坦，土地肥沃，地下水资源丰富。周边主要为风景秀丽的田园耕地，白鹭成群，北面可见巍峨的白冠山，其余三面能远远望见山体，永安溪在村庄南面 3 千米处。村庄户籍人口 1022 人，村庄占地 10 公顷。

"垟"在仙居的方言中有田地、平原的含义。顾名思义，上江垟即上江的田地或平原。其位于八都垟平原的南端，与十都英南北相望，也是八都与九都南面的分隔村落。旧时，八都一带曾流传一首民谣："长长十三都，宽宽八都垟。八都垟，种田一畈，割谷一担，捣米用酱槽，煮粥用砂罐。爸吃妈相（看），大小团囡倒得（躺在地上）弹（入声）。"因此，在中华人民共和国成立后许多关于八都垟的资料记录中，八都垟一带被认为是产业单一、生活贫困的代名词。但上江垟作为八都垟平原的一个村落，从现存的村落建筑群看，却是八都垟以至仙居境内为数不多的富庶村落；在当地人的记忆中，上江垟也

村落肌理

曾是出财主最多的一个地方。其中原因，很可能是与上江垟村村民经商有密切关系。北部有九龙山、白冠山，它们曾是仙居与缙云、磐安的界山；又有仙杭古道穿山而过，或许上江垟村旧时的富庶与古道的贸易有关。农耕也许只是上江垟村曾经表面上的财富来源，其真正的财富积累可能是来自商业贸易。

上江垟村约始建于清康熙年间，村落的始迁祖张鉴望是从仙居迁至八都上江垟，后在此定居繁衍，现村中仍以张姓为主。张氏家族已传三十九世，有二十五房。

溪头村内部街巷仍保留以行人步行尺度为大小的空间，主街巷为村中心三透九门堂建筑群之间的街巷。南、北两合院之间的街巷两端连接着前、后二层厢房，形成"一"字形跨街骑楼。村庄的整体面貌便是以两列呈"一"字形排列的三透九门堂传统建筑群为中心，再向周边发展。三透九门堂建筑群为仙居保留规模较大的仙居传统古建筑。它的主要特色为青砖外墙，木质内饰，外围有零星夯土的民居建筑。另外，街巷上"一"字形跨街骑楼与大圣庙也是非常有特色的建筑。

村中建筑门堂院落内的地面保留着永安溪彩色鹅卵石铺地，它们组成了丰富的图案。相比其他村庄保留单色卵石铺地的情况，此村铺地的卵石显得更为精美，为特有的"彩石镶嵌"门堂。村庄中心的三透九门堂建筑由一个家族数代人所建，前后相连，门堂之间相互联系，其中门堂分布与形制、建筑形制按照门堂主人身份的不同而有所区分，这是其自身家族制度的体现。外面的马头墙、门台及门楣等还保留了墙画和石刻，从丰富多彩的建筑装饰中也可窥见旧时村庄的繁华昌盛。

上江垟村建筑群始建于清代前期，后人在最初的基础上不断扩建，才形成今日规模巨大的建筑群。建筑外墙多为砖石结构，内部以木结构为主。建筑外立面简洁，马头墙保存完整；内部廊柱环绕、幽静深远。建筑整体材料以青砖为主。建筑群中除了有丰富的马头墙构造外，还有精美的石刻雕花。院内的廊、门、木窗也有精美的木结构装饰，从这些建筑中也可以看出木雕工艺的精湛。这些均是具有江南风格的仙居特色建筑。

上江垟村落现共有 10 处保存较为完好的天井。天井地面以溪石铺成各类

周边环境　　　　　　　　　　　　　　　　　　　　张氏始祖墓碑

整体风貌

几何、花鸟和动物（狮子和鹿）图案。这些图案规整精美、色彩鲜明。天井四角有铜钱状排水孔，兼具排水和装饰双重功能。各天井铺地图案可体现出门堂主人的身份。如两个天井都铺有彩色"双狮戏球"图案，一个天井图案中的狮子大，另一个天井图案中的狮子小，则说明这两个门堂为同辈的一对兄弟所建，狮子大的门堂为兄长所建，而另一个较小的为弟弟所建。

　　建筑中还有大量保存完好的牛腿、雀替、斗拱、窗花等木质构架。木雕内容多样，有人物、瑞兽、花鸟、吉语等。雕刻技艺精湛，大量牛腿、柱头、雀替等构件使用复杂精密的立体镂雕技艺雕刻而成；门窗上除大量镂空窗花装饰外，还刻有大量精美的浮雕。内墙上保留有清早期所张贴的榜文，其内容包含有本村重要的历史文化信息。

　　上江垟村的传统资源较丰富，除了民居外，还有古井、寺庙、祖墓与下汤遗址等。下汤遗址位于村庄西面不足 1 千米处，村庄西北面有垟连寺，大圣庙为村庄土地庙。因为上江垟村地下水资源丰富，村内遍布古井，井水量大且水质好。遇上干旱时节，邻村水井干涸，而上江垟村井水不绝，其他村村民便来上江垟村取水。

　　上江垟村非物质传统文化包括手工纺织制作工艺、传统仙居八大碗的制作、戏曲文化。上江垟村的新年格外热闹，活动丰富多彩，有歌舞、戏曲、锣鼓等表演。上江垟村一直有戏曲表演，现今传承发展得越来越丰富。其中一位齐天大圣的表演者远近闻名，他将大圣眨眼、挠头等各个动作都表现得活灵活现，犹如大圣下凡。村中的彩石镶嵌门堂是仙居迄今为止发现的规模最大、最精致细腻的彩色门堂，至今仍保存完好，具有较高的美学价值。

建筑形式

古井与古庙分布

● 古井
● 古庙

彩石镶嵌的木窗

传统文化

传统建筑

上江垟村传统建筑调查表

编号索引	建筑名称	建筑规模	建筑年代	材料与结构形式
1	上江垟一号建筑一民居	1180	清初	砖石
2	上江垟二号建筑一民居	1184	清初	砖石
3	上江垟三号建筑一民居	2554	清初	砖石
4	上江垟四号建筑一民居	1704	清初	砖石
5	上江垟五号建筑一民居	1666	清初	砖石

仙居民俗

炒咸酸饭

1. 历史沿革

咸酸饭又称杂饭，制作传统最早可追溯到明代，在仙居比较流行，尤其是农村人，更喜欢吃咸酸饭，因为咸酸饭不需菜肴，方便就餐。以前炒咸酸饭，是煮米至七八分熟时用爪篱沥干米汤，再放入锅内烧炒，放少许佐料后，加入适量水继续烧炒。不过，这种烧制方法只在人数不多的情况下适用，在就餐人数多的情况下就难以应付了。

2. 工艺流程

①取料

主料：大米。

佐料：猪肉、猪油、植物油、芋艿丝、番薯丝、鲜萝卜丝、青菜梗（也可用南瓜丝、马铃薯丝等）。

②食盐烧炒

先将锅底烧红，放猪油少许，再放入适量食盐将其炒至黄色。放入已经切好的芋艿丝、番薯丝炒拌适时，再放鲜萝卜丝、青菜梗续炒适时，把佐料摊平。放入少许水，以防佐料烧焦。大米入锅，在佐料上摊平。再次放水至漫过米。水量可根据佐料的多少决定，同时也要考虑到主料大米（如早米较硬、晚米较软等情况），灵活而定。

③续烧

盖上锅盖，继续添柴烧火，至锅内米饭发出"咧咧"声，即可熄火。焖20分钟左右即可开锅。

④炒拌

开锅，炒拌调匀，即成咸酸饭。

3. 习俗

仙居人教子有句俗语："要饱五更饱，要好从小好。"早餐咸酸饭吃饱了，干活整日不觉饥；孩子从小教好了，长大了不会学坏。这就是仙居人从咸酸饭中领悟的道理。

4. 传承状况

随着社会的发展、生活水平的极大提高，吃咸酸饭的人已大大减少，尤其是新一代人，大多对此不以为然。不过，在山野农村，百姓家中吃咸酸饭仍不在少数，他们还以此为乐、以此为荣呢！

慈孝文化 型二

训为子，训兄弟，训夫妇，训交友，训为士，训为农，
训为工，训为商，训持家，训为官。
一诫不孝，二诫不悌，三诫奸淫，四诫窃盗，五诫赌博，
六诫酗酒，七诫匹配非偶，八诫身充贱役。

——《乐安李氏宗谱·十训八诫》

11

"龙母有灵"四都村

四都村是仙居县淤山乡的一个行政村，地处永安溪畔。历史上横溪镇通往一、二、三都的古道和今日的仙安（仙居至安岭）公路，均穿过四都村。

四都村形成的年代比较久远，在唐开元元年（713），其始迁祖便已定居乐安（即后来仙居）县淤峰龟岩下，若从那时计算，四都村已有1300多年的历史。清代中后期，永安溪上的水道开始消退，陆路开始兴起。从横溪小埠头等地出发，途经淤山、四都的古道是仙居通往温州永嘉、丽水缙云等地的主干道，士、农、工、商皆往来其间，络绎不绝。同样是利用此古道，沈氏等家族开始迁入淤山。他们一方面凭借固有的关左堰、岁丰堰等水利设施发展农业；另一方面利用交通上的便利，从事商贸贩卖活动。村落规模已经逐渐扩大，至民国时期，已成为当地农商并茂的一个大村落。这也是村中保留50%以上传统建筑至今可见的重要原因。

在仙居以山地为主的地区，村庄内水渠密布，建设成网状的水利系统较为少见。然而，四都村的水利系统不但可以同时满足村庄的农业和生活用水需求，还连接了相应的排洪工程。

四都村周边环境优美，属于典型的山水田园风格。四都村处于杨岸港、四都坑、永安溪三条溪流交汇的开阔地带，南北山体环绕，村庄位于南面山体山脚处。山体主要为岩石结构，多奇峰秀石。

村庄选址依山傍水，体现了古人"择水而居"的选址理念。村落在永安溪南岸，东面紧临四都坑，四都坑从南汇入永安溪，其北面为杨岸港，港的两岸分布着鸡笼山与观音山两座大山。观音山上的龙母峰，在古时又称淤峰。"淤"指低洼平坦的湿地，"峰"指村北那座顶天立地的龙母峰，"湫峰"意为龙母峰下一片平原。

关于龙母，村庄流传着一段龙母生龙子的故事：四都村的邻村——碗口村俞家有一位十七八岁的美貌姑娘，因误食三颗珠子而意外怀孕，为避闲言碎语便藏于鸡冠岩，最终产下赤、白、黑三条龙子。姑娘生产时，其父意外身亡。姑娘知道后，呼天唤地，仍唤不回其父亲。痛苦、绝望的她便化作了龙母岩。从此，她与龙子一起庇护当地百姓，保一方水土。当地百姓常常向其祈雨，或向其祈求保佑当地风调雨顺，年年丰收。

村庄的南面之山为沿龙背，其岩石沿着山体自然延伸，状似一条巨龙，足有10余千米长，并贯穿整个村庄。象鼻岩地处四都村东南角位置，为沿龙背的起始端。象鼻岩处还有一棵树龄千年以上的古樟，耸立其中。此外，在村庄的西南角，沿龙背的脚下有一块形似乌龟的岩石。村庄始迁祖陈氏觉得此处寓意吉祥，外加周边环境较好，便在此处定居繁衍。

从四都村的整体建筑肌理看，它的传统建筑多集中保留在村落中部。从永济桥开始，沿龙背形成一条古驿道，驿道一侧为一条水渠及几处池塘，另一侧则是沿街建筑，其中还分布着多处商铺。村庄北面的传统建筑主要有大院里、十三间、衍庆宫、陈氏宗祠和净乐寺等。新建的建筑多集中分布在村庄北面的溪下线两侧。

村中主要以青石建筑为主，还有一些具有仙居特色的夯土建筑和石砌建筑。建筑类型有以十三间、大院里、下塘沿与三门堂等为代表的民居建筑；以

周边环境

陈氏宗祠、衍庆宫、净乐寺及太公庙等为代表的公共建筑；沿街商铺、牲畜棚、"一"字形跨街骑楼等一些居民生产所用建筑。

大院里是当地极具特色的四合院民居，为一举人府邸，建筑较为精美，至今保留较为完整。此院中保留的铺地卵石图案有铜钱、荷花等，这也是仙居传统村落民居建筑中的特色。

衍庆宫是四都村供奉陈十三娘娘的道观，院落内保留下来的古戏台气势恢宏，它是清初建成的仙居县最为精美的两个戏台之一。唐代古刹净乐寺，始建

建筑形式

于唐咸通三年（862），旧名兴乐寺；宋治平三年（1066）经御赐改为净乐院；明万历年间，经过僧人水心的修葺，变得较为壮丽。光绪初年，盗寇经常出没，寺庙也因此被破坏。在明清时期，净乐寺不仅是当地佛教圣地，还是乡约和社学的所在地。仙居的八正书院之一——诚正书院便曾在此寺中。20世纪70年代后，净乐寺逐渐衰败，原有的部分寺院已经被拆毁（现改为幼儿园），保留的部分做过粮仓与基督教堂等，现如今，几经拆改的它早已失去本来的面貌。

四都村现细部保留最为完好的建筑是大院里、衍庆宫。这些传统建筑在牛腿、雀替及门窗上雕刻狮子、龙及花瓶等精美图案，甚至较为少见的双龙戏珠雕梁也能在其中找到。外墙保留了带有壁画与石刻的马头墙、门台、门楣等。

四都村整体街巷空间尺度主要是以人行街巷为准。主街巷为龙背沿线的古驿道街巷、十三间和下塘沿之间的街道。在主街巷中可以看见一些跨在街巷或胡同上的"一"字形跨街骑楼。骑楼底下可以通行，许多村民还会聚集在骑楼下休憩、活动。

从四都村整体面貌可见，它保留着许多完整的古建筑院落和古街道。此外，村里的传统资源较为丰富，有古树、古桥、石刻、碑文、奇石与水塘等。除象鼻岩下的古树，北面村口的村委楼后还有一个古树群，村民常聚于此进行舞蹈活动。村庄东面的四都坑上的永济桥，是全县保存最好的石拱桥，修建于民

"节孝流芳"碑　　　　"广种福田"碑

国，全长 77m，使用石板铺面，商旅多从此经过，桥身也因行人过多而变得油光发亮。永济桥的修建与人流之多也能反映四都村繁荣的景象。村庄内还有多处石刻与碑文，如"永禁溺女""节孝流芳""钦褒节孝""广种福田"碑及舍利塔等。另外，村中有多处与水渠相连、供人们取用生活用水的水塘。

四都村还是慈孝文化的发祥地。村里流传着很多关于慈孝的故事。这些故事对其村庄文化影响深远。其中的很多故事还能与街巷中的碑刻、牌坊相互对应，如"戴氏节孝"碑、"广种福田"碑等。

四都村人才辈出，从古代的秀才、举人等，到共产党将领，再到现今四都村党支部被评为仙居县先进支部，这些无一不是四都村村民的骄傲。

村内的非物质传统文化不仅包括舞板凳龙、祭祀、供奉陈十三娘娘、祭龙母祈雨等传统习俗节庆活动，还有一系列的舞蹈、歌谣，如从劳动中发展出来的"采茶舞"，模仿盘山圣帝的龙、马两将的"铜钱鞭舞"，以及《湫峰歌》等民间歌谣。

传统建筑

四都村传统建筑调查表

编号索引	建筑名称	建筑规模	建筑年代	材料与结构形式
1	大院里	1744	清	砖木
2	十三间	1324	清	砖木
3	下新屋	320	清	砖木
4	火墙里	1042	清	砖石
5	下塘沿	1476	清	砖石
6	三门堂	414	清	砖木
7	衍庆宫	1476	清	砖石
8	净乐寺	4582	西晋	砖石
9	陈氏宗祠	434	清	砖木

仙居
民俗

十二生肖小馒头制作

1. 历史沿革

十二生肖小馒头是祭祀祖宗的供品，有时也可用作大年三十日夜谢天地的祭品。因为祖宗生肖不一，所以在祭祖时必须用一盘完整的十二生肖馒头。

2. 工艺流程

和面→发酵（大概需要 5 小时）→调和（均匀搅拌）→制作（需要一定的技巧）→蒸制（一般需要蒸 45 分钟）。

3. 材料工具

材料：面粉（选用精面粉）、水（按面粉的比例）、酵母（传下来的酵母）。

工具：面板、石磨（磨粉用）、薄刀、蒸笼、蒸布、铜盘（2 个）、柴。

4. 习俗

在做十二生肖小馒头时，一般不准外人观看，以免明年的运气受损。

祭时祝词：香火辉光，罗泽一堂。荣枝茂叶，鲜花并开。文房四宝，吉第簪缨。丁财两旺，安康发财。五谷丰登，年年盈余。六畜兴旺，万事如意。

5. 传承状况

十二生肖小馒头制作是群众性活动，有着整套制作工艺流程，一直保留至今。

12

"孝廉故里"枫树桥村

枫树桥村依山傍水，地处永安溪支流韦羌溪西面，环境清幽，往北与大丘田村相邻，往南是本村的官渡（古河塘），往西是白殿山。明代时，从永嘉而来的周氏三兄弟见此地风景秀丽，环境良好，便在此处定居，逐渐繁衍后代，最后形成现在的枫树桥村。

村落的整体风貌古朴且协调，多为古色古香的青砖黑瓦或石砌建筑，墙体基本上以土墙为主。枫树桥村的街巷保留着石块铺地、卵石铺地及未经改善的泥土道路，这些使枫树桥村有了更浓厚的传统村落气息。

村落的建筑类型主要包括村庄北面青砖与石砌混合立面的三透九门堂民居建筑、石砌三合院形式的民居建筑、"一"字形的夯土民居建筑、台门式的四合院建筑及仓储用房等。居民生产建筑主要为夯土与石头混合建造的磨坊。村中保留的周氏宗祠是仙居县规模最大的三透九门堂式的建筑之一。据传，枫树桥村的周氏是周敦颐后裔的主要分支。

枫树桥村的卵石镶嵌工艺是浙江省第三批非物质文化遗产，也是江南卵石镶嵌文化的"活标本"。它不仅具有重要的文物价值，而且对研究吴越文化和江南美术史具有重要的学术意义。在枫树桥村的传统手工艺中，竹编也有着悠久的历史。此外，卤水豆腐制作技艺也是仙居豆腐制作的代表技艺之一。

在传统文化方面，孝行和清廉并举的"孝廉"文化成为该村重要的乡风民俗。翻开该村至今保存完好的周氏家训。第一条便是："孝于父母，生我育我无极之思，明发不寐有怀二人。温清定省孺慕之，常愉色婉容人子之职，故事父母必须养体养志，致爱致敬奉甘旨问寒暖，曲尽其情。"这些家训不仅写在纸上，还刻在村中宗祠的石柱上，以求警示世人，教育子孙。

传统文明的良好传承，使得枫树桥村在现代获得众多奖项，如2010年被评为"文明村"，2012年被评为关心下一代工作"四无两有"先进村，同年还荣获"蟠滩乡人口和计划生育工作先进集体"。

村落肌理

整体风貌

街巷空间

民居建筑（砖石结构）　　　　民居建筑（夯土墙）　　　　民居建筑（春晖集庆台）

民居建筑（大份台门）　　　　民居建筑（小份台门）　　　　民居建筑（周氏宗祠）

豆腐制作技艺

卵石镶嵌 　　　　　　　竹编工艺　　传统文化

"孝廉"文化

传统建筑

枫树桥村传统建筑调查表

编号索引	建筑名称	建筑规模	建筑年代	材料与结构形式
1	春晖集庆台门	2700	明末清初	砖石
2	大份台门	1500	明末清初	砖石
3	小份台门	707	明末清初	砖石
4	上江垟四号建筑—民居	140	清初	砖木

村落文化

孝 廉

"自古忠臣多孝子，君选贤臣举孝廉"，孔子、孟子以及周敦颐等历代大儒，均是孝与廉思想的倡导者与实践者。"大臣法，小臣廉，官职相序，君臣相正，国之肥也"，"出淤泥而不染，濯清涟而不妖"是儒家廉洁思想的集中体现。在周敦颐后裔聚集地的枫树桥村，人们对"孝廉"文化有着深刻的认识。孝行和清廉并举的"孝廉"文化成为该村重要的乡风民俗。在该村的宗祠里还刻有追慕周敦颐的诗词："爱莲著说推君子，观梓垂型重懿亲。""莲说百余言，甄别富贵隐逸之间，时名花念咒，君子苞谌千万代。绎思堂基，鼎鼎之侧，嘉祥怀念圣人。"这些诗词让一代又一代的周氏子孙"聆听"他们先祖的教导，使无形的"孝廉"文化具有可感知的实物形象，从而更加有效地传承和弘扬"孝廉"文化。经历了500多年的历史变迁，"孝廉"文化已经深深地融进了枫树桥村村民的血液和灵魂里，长慈儿孝、邻里互助在该村蔚然成风。当地村民自豪地说："村里的民风一直非常好，小的孝敬老的，老的关爱小的。邻里关系也十分和睦，（一旦）谁家有事，如造新房或干农活什么的，大家抢着帮忙。"近年来，随着村民生活水平的提高，村里建起了农民书屋、篮球场、门球场；村里的老大娘、小媳妇们自发组建了排舞队和腰鼓队，夜幕降临后就聚在一起跳排舞、敲腰鼓。

"孝"作为一种传统的道德力量，对"廉"起着重要的作用。近年来，在仙居县积极创建"慈孝仙居"的同时，枫树桥村作为试点村落，找准慈孝文化与廉洁文化的结合点，着力挖掘其历史底蕴，通过弘扬尊老爱幼、尊师重教等优良传统，评选村"慈孝文明家庭"，推进"廉洁村"创建工作。为此，村中布设图文并茂的孝廉文化长廊，设立孝廉图书屋——清风书屋，建设尚德堂、爱莲堂等；在思想层面，积极开展"孝廉门堂"建设，着力打造"孝廉"文化品牌，努力营造"小孝持家、中孝敬业、大孝爱国"的孝廉文化氛围。

枫树桥村有许多"孝廉"典范：

周宏积（明代），字邦德，孝顺父母，友爱兄弟，乐于助人，注重礼节，可惜英年早逝。其子周明科，同样孝顺长辈，还专门请人为父亲立传，彰显其父孝顺事迹。

周锡标（明代），字叔致，号美南，秉性质朴，乐于救济他人，且不求回报。

周心兼（清代），字元焕，号心兼，奉祖母，事双亲，孝思克尽，待友睦，宗族谦和，和宜居家，克勤克俭。

周尚祯（清代），讳尚祯，字应祥，号吉所，五岁父死，七岁母故，全靠祖母吴氏教他读书、学习礼仪。他充当公门小吏，"思亲而不得见，亲所嘱之言常拳拳于心"，对祖母三十年如一日奉养备至。

周铭宰（清代），字玉相，号丕承，孝敬母亲，友爱兄弟，待人和善，邻里关系融洽。上膳慈母，母乐其以为子，下抚诸弟，弟乐其以为兄。教子有方，其子俊逸不凡。

周熙燠（清代），字允章，号交成，温和宽厚，与人为善，勤俭持家，以身作则，言行皆尊礼仪法度。

周树友（民国），号益三，孝顺父母，友爱兄弟，尊师重道，一诺千金，经营有法，教子有方。同乡晚辈王凤棲对其推崇不已，故为其撰写行传。

周志大（民国），字壁君，号溥如，沐诗书气，明礼义，忠信笃进，磊落光明，务大节，修身齐家，和亲睦族，敬祖尊宗。

枫树桥周氏家规

一孝于父母

生我育我者无极之恩，明发不寐，有怀二人。温清定省孺慕之，常愉色婉容。人子之职，故事父母必须养体、养志、致爱、致敬。奉甘旨问寒暖，曲尽其情。至于父母有疾择请名医，亲尝汤药，多方调治颐养元和。又必妻子不失其敬，兄弟不失其和，宜室宜家，乐尔妻孥以慰父母之心。倘躁心暴气忤逆远命，首则家长坐责，再则送官重惩。

二和于兄弟

兄弟怡情圣人之教，世人多因听妇言，以致骨肉相仇，生死不顾，无子而不继，侄为后或多子而为继，为兄弟后，甚有不恤兄弟之贫膳亲必值供如一。宁弃亲而顾，葬亲必欲均费，宁留丧而不恤，嗟呼！难得者兄弟，易求者财利。妻可再娶，而兄弟不可再得，同气连枝，一生能得几时欢聚，而竟以手足相残至此极乎。因妻言而争小利，因小利而不顾父母孝友之谓，何倘不幸。而兄弟早丧必须持倒犹子教养成人，所有田产保守掌管不得废坏，毋听妇言乖兄弟为衣冠禽兽，倘有不遵家长，公坐叱罚。

三义方式训

父母教子必须自幼教之，八岁入小学读孝经，教以洒扫应对进退之节，见长者坐必起，行必后。不问不敢言，不命不敢坐。稍长习举业，选择端方通儒为之师，务要隆重其礼，教子弟以孝悌忠信。正心诚意为先，余力博览经史，学问贯通自然，体明用达，今人多溺爱不明，恣其所欲。他人或方其非，反为之饰词，宽解曰少未足责，不知日累月积，养成骄奢淫逸。虽曰子弟之不肖，实则父兄之宠爱所致。故家贫亦须教子，教子必以义方选明师求良友，不独文章是尚远，须立品为先，养育成材，是诚乐有贤父兄也，区区咕哔岂教子之方哉。

四培养斯文

文考作人，诗歌机朴，周家乐育，士庆菁莪，故为家长者必须培植斯文。以儒者为第一等人，以读书为第一件事，倘有家贫力学，文艺精通，当助其笔墨之资；采芹入泮，当贴其入学之费；府取有名者，给卷资钱一千文；入学者，公助银十两，所当加意作与，以励后学。

五严正风俗

风俗宜端，择术必谨，士农工商，各专其业。鸡鸣而起读者奋志，萤窗耕者尽力南亩，总以节俭朴实为本，所最严究者有四，禁娼妓、禁赌博、禁淫戏、禁夜饮。初犯者，家长坐责；再犯者，公送惩治。

六务本勤俭

赋质难齐，贤愚不一。资质愚鲁者即当教以勤耕苦种，庶不至迫于饥寒；稍有膂力智巧者必使经商贸易或习学技艺，毋致怠惰而后已。若游荡博弈、招朋引类、终夜酗酒、不顾家计，家长宜痛加责罚，或至再不改，则公送惩治，毋容或缓。

仙居民俗

冬至习俗

冬至是一个团圆、祭祖的节日。冬至在仙居老百姓中还有三种叫法：冬节、过小年、贺冬。节日的活动时间通常持续一个星期左右，主要内容包括吃"冬至圆"、祭祖、庙会、人会及"抢私下堂（仙居方言）"。

一、吃"冬至圆"

吃"冬至圆"是枫树桥村冬至节的一项重要习俗。"冬至圆，万事圆"是仙居人的一句口头语，所表达的是人们对团团圆圆、万事大吉的良好祝愿。"冬至圆"实际上就是人们通常所讲的汤圆，内有馅。馅主要由三种料掺和而成，即猪肉、豆腐和葱。猪肉寓意希望男人身强力壮、干活有力；豆腐寓意希望女人水灵、秀气；葱寓意希望小孩聪明。在冬至当天中午，仙居人通常将其作为主食来食用，并在冬至到来前一个星期就开始准备糯米等材料。

二、祭祖

在仙居，冬至的祭祖与清明并重，甚至超过清明。祭祖期间，人们会到祖坟前烧纸钱，并设供品祭拜，有烧更饭、叫请等习俗。在殡葬改革前，仙居十分流行在冬至修祖坟，因为当地人认为这一天是百事无忌的。祭祖活动是对逝去亲人的一种追思，包含了中华民族的传统美德——孝道。

三、庙会

冬至的庙会活动很受人们欢迎，通常一个庙会便会吸引六七千人，甚至上万人参加。庙会涉及面很广，耗资大，持续时间久，需七日七夜。庙会期间的主要活动有做梁皇、拜水忏、七佛胜、布仙桥、放焰口、举办水陆佛事等。其中最具地方特色的是做梁皇。据传做梁皇是人们为了缅怀梁武帝而举办的活动，活动的规模很大，且形式独特。做梁皇时，先在寺庵内拜"梁皇宝忏"，包括发文书、写疏文、放焰口。然后是制作花船数只，每只花船长达 5 米多，用毛竹做骨架，外观用细白纸糊上，绘有龙凤图案。同时建有灯塔一座，犹如鼓亭灯，八角玲珑，花船上放有经卷、钱物等。最后，在溪岸排成十里长廊，将花船上的蜡烛点亮。这项活动观赏性较强，很有节日味道。庙会活动寄托了人们对先祖的哀思，反映了老百姓对先人的深切缅怀之情。

四、人会

人会是冬至节所有活动中是最隆重、最热闹的一项活动，胜过元宵节灯会。表演的项目很多，如跳狮子、迎十二生肖灯、坐台角、扭秧歌、竖旗灯等，至少持续三天三夜。

五、"抢私下堂"

在冬至节临近结束的最后一天夜里，还有一项重要的活动叫"抢私下堂"。届时，人们会集到溪边，将十二生肖小馒头一抢而空。过程是先供斋饭一桌、小馒头一大箩，然后请道士将冬至期间人们所捐助的经卷、纸帛等用品都写好请旨，再请佛入坛诵经。道士对天拜请，请毕按请旨宣读。最后，人们将所有经卷等烧掉。待仪式结束后，汇集在溪边的民众一起抢馒头（一般都是自己生肖属什么就抢什么），抢到的话就表示今后能健康长寿。"抢私下堂"的主要意义在于人们对身体健康的祈求。

清明祭祖

清明祭祖分为两种：一是宗祭，二是自祭。宗祭是指各家按比例派人去祖坟拜祭，拜祭时须用三牲供品，并在当日宗祠里设宴会席。凡男丁，不分老幼，每人发馒头一个（清代时规定馒头每个重四两）。自祭是指每家每户的子孙到自己的近代嫡系祖坟拜祭。拜祭程序：摆好供品（大致是猪肉、豆腐、酒果、箐饼、蜡烛），先请后土（即山神），宣读《清明后土祝文》，再请前土（即土地公），供品和后土一样，宣读《清明前土祝文》。祭毕前、后土，标上坟头白纸，割扫坟前荆棘，因为在请前、后土之前，坟头的一草一木都不能动。之后，祭先祖，规矩如下：先摆好菜肴、酒果，点起蜡烛，坟前的所有子孙都要叩拜，并宣读《清明祭祖祭文》。当日晚，家中还要烧一桌丰盛的羹饭拜祭先祖，并烧些相应的纸帛、经卷。

此外，清明节前后还有做青团、吃青团的习俗。青团最早是清明节扫墓用的祭品，沿袭至今，已成为清明节的一种传统食物。每到清明节，家家户户都会制作青团。青团的皮由糯米粉和一种仙居俗称"青"的野菜制作而成。这种野菜在清明前生长最为茂盛，清明时节，村民们纷纷到田里将其采摘，"摘青"也因此成为当地的一种风俗。青团的馅则分咸、甜两种：咸的一般由咸菜、冬笋、肉丝等精炒而成；甜的以豆沙馅居多。仙居青团的制作工艺与其他各地不同，可谓一绝，主要体现在外皮制作上。首先，把新鲜摘来的"青"在热水中氽烫。然后，把"青"放到捣臼中捣烂，再把捣烂的"青"连汁放到烧开的水中，滤掉渣之后，把青汁倒入糯米粉中一起搅拌。之后，将混好青汁的糯米粉放到捣臼中捣，直到糯米粉完全和青汁融在一起，糯香飘逸，再配上当地特有的内陷，制作青团，其味道可谓一绝。由于青团外皮制作工艺较为复杂，制作时需要多人参与，特别是要有力气大的男子参与捣臼，过程热闹非凡。如今，这项制作工艺已成为一绝，流传于一代代的仙居村民中。村中老一辈人为了将工艺传下去，每年做青团时都会叫上自家儿孙一起参与。

13

"十训八诫"李宅村

李宅村位于仙居南部山区，距离仙居县城 20 余千米，处在浙东沿海与浙西山地交汇之处。据《乐安赤石李氏宗谱·卷首一》记载，李宅村先祖于公元 955 年始居温州苍坡，约至 1127 年，李氏先祖李朴"与子昌徹及兄弟徙居仙居"，后李朴的"后裔发族而居，故名李宅"。因始迁祖李朴号盘谷，所以李宅村也有盘谷村之称。因为该村交通便利，所以李宅曾一直是乡政府驻地。民国时期，李宅村所在的乡号为眠牛，后改为景星，中华人民共和国成立后定名为李宅乡，1992 年并归田市镇。

李宅村虽几经变迁，但至今仍然保存着清道光年间的村落格局，并留下了丰厚的历史人文资源。李宅人在此地休养生息已近千年，在"亦耕亦读"中积累了极为深厚的历史文化底蕴，2013 年，李宅村入选全国第一批传统村落。

李宅村地处括苍山山脉的分支，青山高耸，溪谷纵深，以南高北低取势，南面有眠牛山作靠。牛头伸向东面大溪汲水，牛尾近于西山。西山下有一片盆地，盆地向东即是村落的古建筑群，溪水以东是裘山，溪水北面是村落水口，水口处有沿山蜿蜒的西溪水脉，历来是南来北往商贾的必经之道。

李宅村古民居建筑群气势恢宏，以李氏大宗祠为中心向四周扩散开来。大宗祠正面朝西，前面为池塘。村落最初的主体建筑就是位于大宗祠西南的两个朝南三进

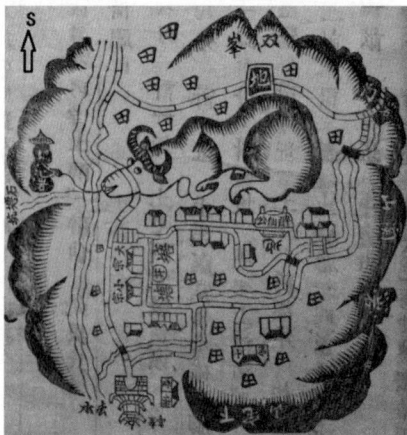

族谱中村落环境

整体风貌

院落，每座院落之间相隔数米，整体分布井然有序，从山上俯视呈"双喜"字形格局，为典型的三透九门堂建筑模式。随着村落的发展，李宅村向外建设了数个古民居建筑，也出现了排屋的住宅形式，但村落仍以古民居建筑模式为主。改革开放以来，社会经济的发展促进了村落各方面的加速发展，尤其是村落东面田柯线（县道：田市—柯思）的建设。此后，村民便"逐路而居"并不断沿线发展，村落内部古民居在这样的环境下逐渐走向破败，新的空间形态正在逐渐形成。

李宅村是典型的中国传统村落，靠山面水、因地制宜的村落格局做到了技术与艺术的有机结合。村落周围拥有李宅八景奇观："眠牛汲水""双峰排闼""狮子挪球""岩门瀑布""黄龙出洞""鲇鱼戏水""木兰挺秀""一石墩珠"，形成独特的自然旅游景观。

以"修身、齐家、济天下"来概括李宅村传统家风是十分恰当的。李宅村传承至今已有 900 年的历史，代代相传的"十训八诫"是李氏家族的行为戒律和精神信条，成为家族成员为人处世、自我约束的规矩，更是家庭和睦、村居和谐、社会安定的根本保证。完好保留至今的三透九门堂古民居则是家族和睦、全村一家的象征。时至今日，古老的族规依然被李氏后人严格遵循，敬老爱幼、兄友弟悌早已蔚然成风，全村秩序井然、平安祥和，夜不闭户、路不拾遗的古风犹存。

"十训八诫"最早出现在明成化元年（1465）修编的《乐安李氏宗谱》中。至2004 年，《乐安李氏宗谱》总计修编了 12 次，"十训八诫"祖训始终代代相传。其中的"十训"具体指"训为子、训兄弟、训夫妇、训交友、训为士、训为农、训为工、训为商、训持家、训为官"，"八诫"指"一诫不孝、二诫不悌、三诫奸淫、四诫窃盗、五诫赌博、六诫酗酒、七诫匹配非藕（偶）、八诫身充贱役"。"训"是劝谕，前八训教育族人该如何做人，也就是"修身"，第九训谕"齐家"，第十训谕"济天下"；"诫"是律令，"八诫"都事关"修身"，写明了禁止族人做的事。"训"与"诫"既相互呼应，又各有侧重，严令世世子孙恪守无违："条例森然，各宜遵之。"

李氏家族秉承耕读文化，南宋以降，人才辈出：李氏始祖朴公职任邑巡检；邦公为解元；照公为机宜大夫；进公为通判；虞卿公为进士方林郎；居安公为特奏进士县县丞；曛公武举进士通判；光儒公如兴府同知；盘隐公善吟诗；若霖公精武术斩蟒；环翠公官司居监察道御史；一潮公博学多才；一瀚公明室朝迁都察院左副都御史，铁面冰心，有"天下第一流人物"之美誉。可见，李宅村历经千年，人才辈出，从南宋到清代，李宅村共出了六位进士，"一门六进士"在全国都可谓是凤毛麟角。

街巷空间

建筑形式

建筑细部

仙居民俗

做麻糍

1. 历史沿革

仙居做麻糍的习俗自明清之前便有，至今仍为人们所喜爱。麻糍是一种容易储藏的食物，又有喜庆之意，所以一般是在过年时做，在一些农村也有在农历四月插秧时做，谓之种田麻糍。麻糍的特点有三：一是耐肚，因麻糍不易消化，上山担柴等时可谓佳肴；二是可作礼物送人，一般是子女送给父母长辈，或送给亲朋好友；三是过年做麻糍意味着年货充沛，家庭康裕，象征着明年一年的好景，是一种吉祥之兆。

2. 工艺流程

先将糯米浸水一日一夜，再用面箩沥干，用清水冲洗干净后，放入蒸桶蒸熟，再放入捣臼内捣，待捣到看不见米粒后，全部取出并放在木板上用手揉。应先在木板上筛上炒好的玉米粉，再在麻糍上筛上玉米粉，以防黏手，还要趁热揉开，待冷却后用刀切成方块。待七个昼夜后，浸入冷水缸中存放，储藏时间可长达七八个月。

3. 材料工具

工具：缸（浸米用）、面箩（盛米用）、饭蒸（蒸米用）、捣臼（捣米饭用）、面杖（擀麻糍用）、面板（放麻糍用）、干米（玉米粉或藩莳米）。

材料：用纯糯米，不能有籼米，否则在捣时籼米会从捣臼中弹出，在食用时籼米老硬、难以下咽。

4. 行规、习俗

做麻糍很讲究，必须在立春前十日将冬水藏好，麻糍做好后过七天浸水。

在当地习俗中，年前不吃麻糍，过了春节（正月）才能吃，且女人不吃，仅男人吃，表示女主内、男主外。

5. 传承状况

做麻糍是明清一直流传至今的习俗，目前亦非常流行，但做法不同，现在多用机械加工，也有许多村民仍旧按老办法手工制作。

捶打粳米

14

"追忆先祖"白岩下村

　　白岩下村位于浙江省仙居县大战乡西侧的山谷地带，村庄整体地势南低北高。白岩下村已有300多年的历史。它民风淳朴，人文资源丰富，现村域面积2公顷，户籍人口670人，常住人口500人。村民主要收入为务农收入与外出务工收入。当地的特色农产品主要有毛芋、杨梅与水稻。

　　白岩下村远处南北两侧围绕巍峨群山，山体中有众多岩石景观，其中包括石新郎、石新娘、狮子头、石木鱼等，其中以石新郎最为出名。白岩下村村庄近处多为农田，受古代农耕文化的影响，村庄选址于大战呇溪的北侧，以满足村庄农耕灌溉的需求。

　　除了美丽的自然景观外，白岩下村中的传统要素有古树5处、古井1口、古墓1处及古寺庙1座。古寺庙名为金龙寺，是村民平时祭拜、祈福与祭祖的场所，也是重要节日时举办节庆活动的场所。据《徐氏宗谱》记载，明检察御史卢明章（大战乡格垟村人，明嘉靖年间进士）曾在金龙寺中求学。

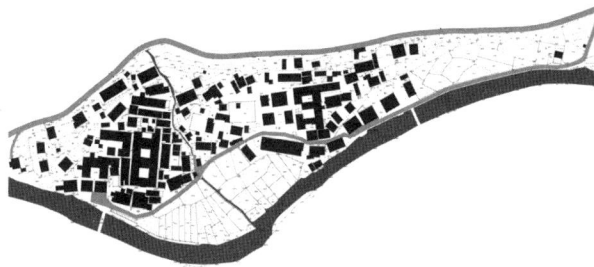

村落肌理

  在白岩下村一间民居中，收藏着一个解签的模板，相传已有 800 多年的历史。还有居民收藏有古时大臣上朝的象笏及古牌匾各一个。不过因为保存不当，古牌匾中的文字以及外包裹的边框都有不同程度的破损。

  白岩下村中保存了一本《徐氏宗谱》，传承久远，历代徐氏后人会定期组织

整体风貌

周边环境

建筑形式

人力物力对宗谱进行修订和补充。《徐氏宗谱》篇幅庞大、内容完善、体例规范清晰,是了解和研究徐氏及白岩下村起源、发展的重要历史材料。同时,宗谱也是村落文化的重要物质载体。

白岩下村的建筑整体以青砖材料为主,建筑构造包括丰富的马头墙构造、石刻雕花等。村中合院的廊、门、木窗都有精美的木结构装饰,具有明显的江南建筑风格。但由于时间较长,且遭受过人为破坏,再加上资金不足而未及时修缮与养护,部分木结构及土石结构的房屋已出现不同程度的破损,现今亟待修缮与保护。

白岩下村现存多处结构较为完整的木结构四合院、三合院以及排屋等,其中大多为纯木结构,仅少数排屋为木砖混合结构。白岩下村具有仙居保存最为完整的新屋里台门三透九门堂,该建筑的内部以木雕刻的构架最为突出,其屋檐下的梁、斗拱、牛腿、柱头等雕刻十分精美,尤具特色的是牛腿,其上雕刻着诸多动物。这幢建筑中的木窗多雕刻着精美的花卉,门上也有反映当时生活的雕花图案。这些雕刻展现出了那个年代独有的艺术造诣与文化内涵。

传统建筑

白岩下村传统建筑调查表

编号索引	建筑名称	建筑规模	建筑年代	材料与结构形式
1	新屋里民居	2718	清	砖石
2	白岩下民居1	421	清	土石
3	白岩下民居2	1014	清	砖石
4	白岩下民居3	376	清	砖木
5	白岩下民居4	645	清	砖木
6	白岩下民居5	731	清	砖木
7	白岩下民居6	1840	清	砖石

仙居
民俗

葬 俗

我国古代盛行土葬，坟墓是土葬的主要表现形式。坟墓在古代有"坟"与"墓"的区别，筑土为"坟"，穴地为"墓"，统称"坟墓"。在古代，坟墓大小、高低、名称各有不同的规定：帝王的坟墓称为"陵"；显贵的人被赐葬在陵旁的坟墓称为"陪陵"；一般人的坟墓称作"茔""冢""坟""墓"等。另外，旧时收埋无主尸骸的坟墓称为"荒冢""墟墓""丘墓"及"荒坟"等。在墓室中会埋藏陪葬的物品，叫作"冥器"。早期墓葬没有坟头，也没有标志，地面上更没有墓园建筑。大约自周代起，墓上出现坟头，并按官爵大小来决定封土的大小。春秋战国后，坟头封土更加高大，形状好似山丘，因此把墓地称为"邱"，如燕昭王的墓称"昭邱"，赵武灵王的墓称"灵邱"等。

传至北宋年间的陵墓雕刻艺术，上承汉唐，下启明清，颇有价值。墓碑的书写，按字体而命名：篆书称"篆额"；隶书称"隶额"；楷书称"额正书"。按照古俗，墓碑的设置有多种情况，安置在不同位置的墓碑有不同的名称。立在墓道上的碑称为"神道碑"。立在墓前的碑称"墓表"，是叙述墓主学到德履，以表彰于外，后世常用"墓表"作墓前碑文的总称。与棺椁一起埋在墓中的碑称"墓志"。墓志一般是两块正方形石板，一上一下相合，平放于棺椁前。上石为"志盖"，称为"出盖"，刻有标题，文字多为篆书，又称"篆盖"，并雕有花纹、神像；下石为"志底"，刻有志铭。南北朝以后，墓志的制作精致考究。有的刻有青龙、白虎、朱雀、玄武等守护神形象和莲花图案纹饰；有的志盖雕成龟形，首尾四足露出，龟背中间题写死者姓名；在志盖与志底之间常垫有一层绢帛，主要为防止志文被磨损。

从内容上说，墓志、墓铭、序有不同的含义。墓志用以记述死者的生平事迹，包括系世、姓氏、爵位、寿年、子孙大略及葬地等；墓铭是对死者的赞颂和安慰；序是叙述墓制"志"的缘由。一般来说，"墓志"是有"志"无"铭"，而"墓志铭"则是有"志"有"铭"。在"墓志铭"前加序、藏于墓内的"墓志"大概都为清代以前所制。

　　安葬又称"归坟"。先人安葬有几种不同的仪式。一种是将先人的遗体装入棺内，举行出殡仪式后，抬至山上安葬。这种葬式一般都要有寿坟，且要选适宜的年份才可进廓入葬，如年份不利，应暂时作"灵柩安置"。在没有寿坟的前提下，也应暂时作"灵柩安置"，以待夫妻合葬或两代合葬，这叫"归坟"。仙居所见的坟墓，其"墓志"一般刻在坟面上，仙居记载最早的是在清康熙十七年（1678）。若有夫妻合葬的坟面，"墓志"记叙的一般是死者名讳、字号，记"妻某氏，某姓公之佳城或寿城"（夫妻双亡应写佳城；夫妻尚有一个活着，应写寿城。活着的姓氏及寿城的"寿"字应用红笔填写，其他的字可用黑色书写，佳城可全部用黑色写）。此习俗一直传承至今。

15

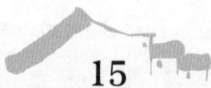

"忠孝两全"上吞村

    上吞村是朱溪镇的一个行政村，位于朱溪镇西南方向约 8 千米处的山林中。村庄户籍人口 520 人，占地 31.7 亩，属于山地村落。根据《杨氏族谱》记载，上吞村是仙居杨府的一支，村落的始迁祖为杨氏二十八世祖显昌公，移居时期为康乾年间。

    上吞村一直有尚武的传统，且村中的宗族组织相对完整，村内的宗祠保存也较为完整，宗族的习俗也得以延续。习武是对国尽忠，祭祖是对先祖尽孝，因此上吞村可称得上"忠孝两全"。

    上吞村处于群山环绕之中，四周山林耸翠，风景秀丽。该地区山势缓和，山多而狭长，从而形成条条山坳，并且以向心的形状环绕村庄，如群龙卧而饮水。山尖簇拥而绵延起伏，犹如笔架，因此当地人呼之笔架山。群山所成的独特自然肌理犹如一把蒲扇，上吞村则处于扇形的中心。条条山坳所载的涓涓细流，沿着山坳源源不断地汇集到村内溪流中，年复一年地滋养着上吞的土地和居民。因此村庄不仅在山坳的交集处，还在流水的汇聚处。受地形的影响，上吞村自然也是风的汇聚处。由此可见，上吞村的选址融入了上先祖民丰富的生活经验和不朽的智慧。

    村落建筑布局与选址都依据自然环境，因地制宜，与自然山水相契合。顺应水流、依靠山势成了建筑布局的原则。村中的建筑物盘踞于群山的山脚之下，呈南北走向，北向开口进入北部的平原地带。建筑选材也遵守顺应自然、利用自然的理念。上吞村的建筑多就地取材，以木为主要的支撑结构，以石为主要的外部围护结构，整体风格朴素自然。村落内沿着羽状溪流布置道路，溪流主

整体风貌

体纵贯南北，既是村民生产生活废水的排放处，又是山洪排泄的通道。上呇村村内道路高低错落，顺山就势，疏密有致。村内的主干道沿着河道蜿蜒至村口，构成村落与外界的交通纽带。

村中居民的建筑分布在溪流两边的山坳之中，通过曲径小巷相联系，形成三级台地式布局。村落建筑整体上由西向东分为三层，分布在不同高度的山坡台地上；它们风貌协调，都为古色古香的青砖黑瓦或石砌建筑。村落入口处坐落着宗祠、广场、小学，构成了村中的主要公共空间，而村中心溪流交汇处的磨坊和会堂形成了次要的公共空间。由此可见，村中空间结构分布层次多样、分明且合理。

上呇村的建筑及交通街巷的布局、走向、排水均以地形地貌为依托。整体风格朴实无华，具有明显的务实特征。这正符合朴素而"天下莫能与之争"的道家美学思想。村中建筑、生活与环境一脉相承，体现了以人为本的建筑理念。

村中主要有多种建筑类型，具体如下：村庄北面的民居建筑有青砖与石砌混合立面的三透九门堂、石砌的三合院形式与"一"字形的夯土样式建筑。此外，村中还有一些居民生产建筑，如夯土所建的仓储、石砌的磨坊等均带有较强的地方特色。村中保留的小学与会堂带有典型的中华人民共和国成立初期的建筑风格。村中还有宗祠与土地庙等公共建筑，其中宗祠是清代的传统四合院建筑，主体未做改动。

村庄入口处的宗祠与三透九门堂形制的杨氏祖宅，是村内比较有特色的建筑。它们内部的建筑细节非常精美，雕刻的图案也较为丰富。宗祠内的门楣、窗体、雀替及牛腿中的细部雕刻有狮子、花卉等精美图案。宗祠墙上的漆画保

街巷空间

四合院民居

三合院民居

非院落式民居

夯土房

小学

食堂

磨坊

　　留较多且完整。宗祠内还有些青砖砌制的"十"字形造型窗框。此外，至今宗祠内仍保留着一些木质的家具。但村内其他民居中的木雕图案多只呈现在窗框上，没有宗祠的精美与丰富。

　　宗祠与祖宅均为木质结构建筑，内部有廊柱环绕，且保存较好。外墙保留了带有简单石刻的门台与精致的漆画。此外，许多建筑内还保留着大量工艺精湛的传统雕花大床、橱柜等家具，以及村庄内武师练功留下的石锁。

　　村内的传统建筑多是民居，众多民居中保留着一座杨先昌的故居。杨先昌不仅是抗倭名将，还曾是当地有名的拳师，曾教导乡民习武抗倭。杨氏祖宅即为上呇村始迁祖杨显昌的子孙所建，该建筑由两座四合院以过街楼的形式南北相连。后因诸兄弟分家，过街楼便被拆除。如今南部一座四合院形制尚保存完整，由杨氏后代继续居住使用。国内革命战争时期的游击队队长杨通海故居也在该村，只不过此故居受到严重的破坏，仅剩下一些遗址。从抗倭名将到革命先烈，均可以体现上呇村的习武传统，这是村内一个突出的文化特色。时至今

113

日，村中可见多处练武的器具，如石锁等。

　　村中居民多姓杨，且村内宗族意识尚浓，宗族族人多数在外发展，为了提高族人内部的凝聚力，村民较注重祭拜先祖。家族内的家谱也在不断地被重新编纂。在宗祠里面会举行一些公共活动，杨氏宗祠是村人祭祀先祖，办理婚、丧、寿、喜的重要公共场所。同时，村庄一直保留着的宗祠祭典活动，代表着全村人的信仰和文化。可以说，宗祠是村落居民传统生活方式的文化载体。因此，现在宗祠内的文化类型至今仍比较丰富。杨氏子孙仁孝继世，礼义传家，人才辈出。据族谱记载，清代杨应春、杨万春兄弟均为朝廷武进士；第一次国内革命战争时期，以杨通海（游击队长）为首的革命义士曾5次组织攻打仙居县城。杨通海故居现已被定为村中的红色革命文化遗迹。

　　村庄传统资源主要有村庄附近的水塘、太公庙、祖庙，周边还有远古人居住的洞穴（龙洞）与远古的船桩。村庄周边山体有十分丰富的毛竹资源，可为经济发展提供支撑。此外，现今上峗村村民多外出经商，在外成绩显赫，荣归故里后也为村庄建设做出巨大贡献。

传统建筑

上峗村传统建筑调查表

编号索引	建筑名称	建筑规模	建筑年代	材料与结构形式
1	杨氏宗祠	470	清嘉庆	砖木
2	杨氏祖宅	1582	清	砖石
3	小学	161	20世纪70—80年代	砖石
4	磨坊	71.6	20世纪70—80年代	砖石

仙居
民俗

制作草鞋

1. 历史沿革

制作草鞋在仙居有着悠久的历史。相传，这种技艺早在商代便已开始，但具体时间无据可考。由于草鞋是农户人家在农事劳作、挑担、行路过程中的必用之物，故制作草鞋的技艺便代代相传。

2. 工艺流程

①选用清白干燥、较长的稻草，搓草鞋索绳。

②捶打稻草：去掉稻草中梢叶，用木槌捶打，使之变软。

③制作：先把烛油揩上索绳，使之光滑，将草鞋鼻头和小耳用络麻穿好，然后用捶打过的稻草做成相应大小的毛坯。

④成品：捶打一次草鞋毛坯，扳实，补充不足之处，做好后跟。

3. 材料工具

材料：清白、较长的稻草，络麻，烛油。

工具：草鞋扮、草鞋拗、草鞋楼梯、草鞋拷、木槌、长凳、草鞋腰。

4. 传承状况

草鞋制作技能简单，属于群体传承工艺，由于需用量大，曾在农户代代相传。随着社会的发展、生活水平的提高，20 世纪 80 年代后基本不再使用。

民俗文化

型

三十三都原捐谷四百十二石，仓设朱溪庄，现盘存谷三百八十四石。

——《光绪仙居县志》

16

"石器齐全"十都英村

十都英村位于浙江省仙居县埠头镇西部，与横溪镇上江洋村接壤。现今村域面积为 1.5 平方千米，常住人口为 1685 人。在农业方面，十都英村现以种植水稻和毛芋为主，这也是该村的支柱产业。该村四面山水环绕，四周近处多为农田，远处可见山体巍峨挺拔。在村庄东、西面各有一条水系，但最终汇集流入村庄南边的永安溪。十都英村最具特色的莫过于选址和分布格局，而且有着大量遗存的建筑风格较为鲜明的传统民居。村落沿永安溪支流分布。从村落的选址缘由、形成背景、格局特征等多方面分析后，便可明白十都英村的地貌特征。

十都英村起源于战国，最早生活于此的是应氏家族，后张氏锡荣于清康熙年间再编里甲之际由仙居大洪外迁居于十都埠头，后逐渐发展为十都英村。1981 年，因管理需要，十都英村划分为一、二、三村，其中仙居西门张氏属十都英二村，应氏属十都英一、三村。

十都英村的选址受古代农耕文化的影响较大，因此非常重视对水资源的利用。将村庄选址于多河地段，主要是为了满足农田灌溉的需求。但考虑防洪防涝的要求，村落需要与永安溪保持一定的距离。村民对水资源的重视，还反映在其生活

村落肌理

周边环境

中。现村庄内还有很多遗留下来的古井，其中以圆形和六角形的水井为主，这些水井主要存在于居民的四合院或庭院内，另在道路旁边也有分布。同时，为了提高生活的舒适度，村民还从西边的秀溪中引水，因而形成了两条弯弯曲曲的小河和数个水塘。为了满足出行的要求，依着河道建有一座古石桥。

村落周围有农田围绕。永安溪支流对村落的进一步发展起到了至关重要的作用。它不仅提供了居民的生产生活和消防用水，还具有调节气候的作用。

村前建筑则沿着道路平行或垂直分布，村庄建筑整体风貌保存较好，风格以灰瓦白墙为主。建筑的形制呈四合院式和"一"字形，总体上体现出明清时期典型的江南民居风格。

村中的建筑是仙居传统民居的代表之一，但是由于村庄建设用地的限制以及村内居民新建住房的需求，出现很多翻新的房子，而村内的传统建筑则被大量破坏，亟须得到整治和保护。村庄内的主要道路呈"井"字形分布，因此建筑之间的街巷四通八达。该村古巷幽深曲折，对内连接大屋的各个部分，对外连接古街道，从而把各片大屋连为一个整体。

在厅堂、天井、廊道共同构成的通风系统中，天井的作用至关重要，它不仅起到通风的作用，而且是重要的室内采光和排水系统。天井是建筑本身的内部空间，由建筑内四面（或三面）不同房间围合，这些房间的屋顶是连接在一起的，因此形成一个方形的空间，从空中俯瞰，恰似向天敞开一个井口，故有"天井"之称。

村落的传统建筑主要集中在村东部。村中现有 9 处结构保存完整的三合院或四合院建筑，其中民居 5 处、寺庙 2 处、宗祠 2 处。四合院在形式上可分为一进的四合院和两进的四合院；在整体的风貌格局上，四合院之间相互并联或串通，与邻村上江洋的三透九门堂形式略神似。大多数四合院外部都是砖砌墙，内部则为木结构，建筑层数大都为两层。这在一定程度上也反映了当时的建筑水平。从建筑的细部来看，四合院普遍采用了马头墙的形式，且以三叠雀尾式马头墙居多。在马头墙上，有用石头雕刻的石窗，图案或圆或方，形式多样。在建筑的内部，木雕刻的构架较为突出，如屋檐下的檩、梁、斗拱、牛腿、雀替等雕刻丰富，体现了当地独特的建筑文化和艺术造诣。其中尤具特色的是牛腿和斗拱，细细观察这些木构件，可以发现其上刻有龙凤等瑞兽。牛腿的整体形状也近似狮子，斗拱则雕刻得像树桩。窗上还有镶嵌着彩石的木雕和刻有戏曲的浮雕。此外，四合院中有卵石铺地，这些不同色彩的卵石在地上组成精美的图案。这些都反映了十都英村传统建筑的精致。

但部分雕花因气候的原因而发霉，也有一些窗花于"文化大革命"期间被毁，近年来甚至出现了窗花被盗的事件。这些均在提醒人们应加强对传统民居的保护。

村落东境有张氏宗祠、应氏宗祠、镇福庙，村落北境有宝相寺等传统建筑。三个村庄各占部分传统建筑，因产权等问题，部分传统建筑亟待保护。其中村东南的两处四合院因年久失修，两面墙已坍塌。村内典型的建筑有多处，具体情况如下。

灿头屋民居：该民居现由张氏族人居住，房子是现任房主的曾太祖建造的，据说已有 150 余年的历史。现今墙上依然留存着"文化大革命"时期毛笔抄写的毛主席语录。房屋中的一些斗拱雕花因湿气太重已霉掉，另有一些木制窗木雕花在"文化大革命"期间被损毁，还有部分则被人挖走倒卖。

西新屋民居：全国政协委员张相麟曾经居住过的民居。张先生曾在此教书，具体地点即现在东面二楼屋内。

花玹屋民居：现今居住的是张氏族人。因为木制雕花门上的雕刻太过精美细致，所以常有人试图趁主人不备而偷门。为防盗贼，此地居民便将门卸下来藏在屋内。

街巷空间

东新屋民居：此建筑原为三合院，院南面曾有一座大门楼牌坊。据说该牌坊建于 180 年前，40 年前因自然原因坍塌。该民居内居民均姓张，共 5 户人家。

张氏宗祠：该宗祠保护较为完整，内部各种雕刻的牛腿、雀替依然完好。建筑形制为四合院式宗祠，之前曾租给村民用于制造面粉。现因大户人家修路至该宗祠，故将宗祠租给修路之人。张氏宗祠的地基比相邻的应氏宗祠高，这也可能是它保存相对较好的重要原因之一。

应氏宗祠：与张氏宗祠相邻，但其只有外形保存完好，内部损坏较为严重。

宝相寺：该寺寄托着全村村民的信仰，寺内各殿堂都已翻新，寺内还有 1 口六角井、2 棵古树，整个建筑保存完好。

村内还有很多"一"字形的建筑，有的是民居，有的是生产用房。它们的材质多以石头垒或夯土为主。其中用土加工成素土砖、再叠成整体的砖墙便成了特色。石头垒的建筑中，石头倾斜状排列，呈自然纹路状。从建筑细部来看，"一"字形的建筑比起三合院、四合院简单许多，显得较为朴素，只是大多构件缺少精细的雕琢。

十都英村除建筑以外，还有很多文化的传承。族谱记载了村中的历史名人、大事、族规等内容。目前该村族谱已经重修十一次。张姓人数众多，宗谱卷帙浩繁，旧谱有 50 余本，因修谱人员同心同德，众志成城，自 1999 年 6 月至 2002 年 3 月不到三年时间，重修工作便圆满完成。这比以前任何一次重修时间都短。但修谱过程中因水平有限、经验缺乏，难免漏误，有待下次重修辅正。

此外，村中还传承着做麻糍、麦饼、仙居八大碗等传统的饮食技艺。每当过年过节，十都英村村民都会制作这些当地的美食，和家人一起享用。村中还传承着舞龙、踩高跷等传统习俗。在元宵节前后，村民们会一起舞龙和祭拜。

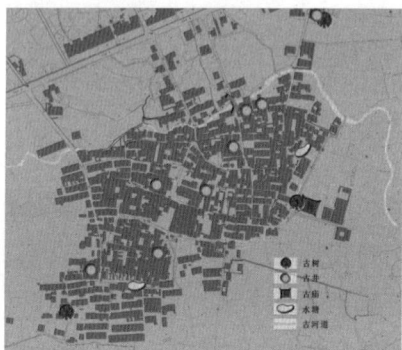
古井分布

传统建筑立面

建筑细部

西新屋民居

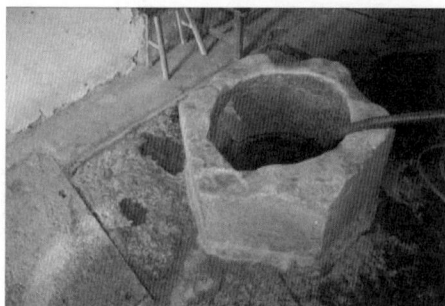
六角井

传统
建筑

十都英村传统建筑调查表

编号索引	建筑名称	建筑规模	建筑年代	材料与结构形式
1	灿头间屋民居	1400	清同治	砖石
2	西新屋民居	1480	晚清	砖石
3	花玹屋民居	760	清同治	砖石
4	东新屋民居	1200	清同治	砖石
5	民居 1	1300	清同治	砖木
6	民居 2	1900	清同治	砖石
7	民居 3	830	清同治	砖木
8	民居 4	1150	清同治	砖木
9	张氏宗祠	1000	清同治	砖木
10	应氏宗祠	880	清同治	砖石
11	镇福庙	280	清同治	砖石
12	宝相寺	960	清同治	砖木

仙居
民俗

石匠技艺

1. 历史沿革

石匠的主要技艺源远流长。石器、石磨是民间最早的食物加工工具，也是以前石匠最主要的生产物品。在生产力相当落后的封建社会，生产和经营基本都是在手工作坊中进行的。"作坊"也有区域坊的概念。当时店铺的门脸都采用冲天柱式的石牌坊,至今门脸牌坊仍有流传。十都英村现存的古石雕牌楼大部分都是明、清两代的。

仙居石窗技艺历史悠久。明清时,仙居石窗技艺达到鼎盛,日趋成熟、精致。民国时期,这种技艺略呈衰落现象。据统计,仙居民间尚留经典性石窗80余种。

2. 工艺流程

选用山岩、不太硬的石头,把大的石头分裂成适用的小石块,然后将石块造成初步模型,继而细致地把模型加工雕刻成龙凤虎狮、鸟兽花草及对联碑文等。

3. 技术特点

仙居石窗技艺独特。石窗技艺融汇了浅浮雕、深雕、丰圆雕、透雕等多种艺术手法,并结合石材特质形成了镂挖、起地、刻线、钻眼、打磨技术等。石窗的外形与窗花是审美与实用的统一。窗花题材多样,融入了儒、佛、道三教的文化题材,体现了仙居民间百姓的信仰、生活理想、文化观念及审美趣味。

4. 材料工具

材料:石头。

工具:铁锤、手凿、墨斗、角尺。

5. 行规、习俗

①凡建房等都必须先择好吉日,而后奠基、动土。

②清乾隆前造墓,墓两边立两根栏杆柱;清乾隆后则用狮子柱,同时柱上雕有福、禄、寿、梅、兰、竹、菊等。

6. 传承状况

现今牌坊、旗杆、石窗、石磨等都已不需石匠制作,石匠仅制造墓地旁小型的狮子、花草雕刻等,但加工时以机器为主,辅之以手工。

7. 重要价值

①艺术价值:石窗花造型几何化,以高度的概括、夸张、追求物象的形式,达到形象与抽象的和谐统一,营造出或庄重或生动或华美或清雅的美感。

②民俗价值:石窗花题材丰富,广泛体现了仙居百姓的人文风貌,是研究仙居汉族民俗文化极其宝贵的非物质文化遗产。

③学术价值；石窗花是中国传统石窗文化的活标本，具有重要的文物史料价值，对研究吴越文化和江南美术史具有重要的学术价值。

④审美价值：石窗花融绘画、雕刻、建筑等于一炉，具有很高的观赏价值。

雕花石窗

17

"九狮挪球" 朱溪村

　　朱溪村是位于仙居县东南朱溪镇内的一个村落。明代，其属于归仁乡；清代，其属于三十三都。民国十九年（1930），仙居县行使镇区制，其属朱溪区方岩乡。中华人民共和国成立之初，朱溪区分朱溪、南塘、方岩、盘坑四个乡，其属朱溪乡；1958 年，县内以区建设，其属朱溪管理区；1961 年，朱溪管理区改建为朱溪人民公社，朱溪村属之；之后，朱溪村一直属朱溪镇管辖。

　　朱溪村自古便有着重要的地理位置。据《光绪仙居县志》记载，清政府曾在此地设粮仓，文曰："三十三都原捐谷四百十二石，仓设朱溪庄，现盘存谷三百八十四石。"朱溪村现今村域面积为 6.85 平方千米，村庄占地面积为 0.14 平方千米，常住人口为 3613 人，主要产业为茶叶、高山蔬菜、杨梅种植等。

　　朱溪村所在地为县东南众溪汇聚的溪谷平地。其地势东南高，西北低，发源于括苍山的溪上、岭梅、大洪、盘坑诸水在村落的西北三溪口汇聚形成大溪。自古以来，朱溪村周围多山，水源充足，土地平阔，为人们栖居的理想之地。村落附近群山拥翠，形似五狮坐卧，村庄周边良田围绕，三面临溪。朱溪村的选址反映了中国的农耕

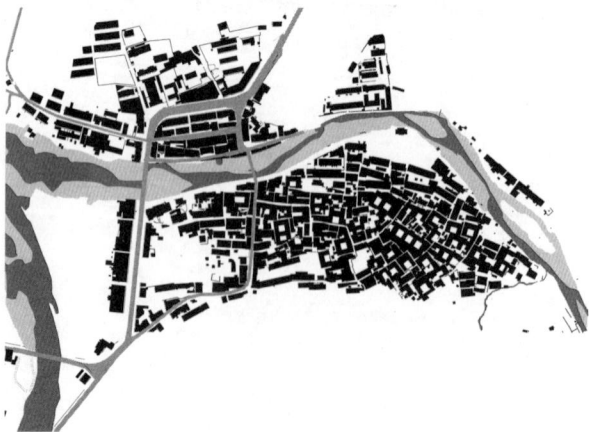

村落肌理

整体风貌

全国四大悬空寺之一

贞洁牌

文化以山水田园为核心、靠山依水而建的特点。

村内居民以朱姓为主，据《朱氏宗谱》记载，朱溪村的先祖是从仙居城关东门土地庙港移居而来。城关东门朱姓是从临海白水洋埠头分出，而埠头的朱姓是由温州永嘉发源的。村落约形成于清嘉庆年间。《朱氏宗谱》中记载了朱溪的朱姓家族，其辈分从上而下为：孟、仲、宇、怀、明、良、光、大、锡、雍、植、昌、克、宗、志、圣、世、寿、福、康、人、修、先、正、卓、立、超、伦、宣、德、恭、敬、宪、惠、嗣、云，共计 36 辈。朱氏在清光绪年间曾有"五代同堂"：在清光绪十八年（1892），朱邦政第五孙出生时，光绪皇帝特为其家族授"五世同堂"匾，后村内遂为其立"五代坊"。

朱溪村内有众多传统资源：古井五口；古栎树 1 棵，树龄为 200~300 年；古天池 3 座，分别是上清池、方岩背、仰天塘；古道 1 处，名为方岩古道；古墓 1 处，为始迁祖孟祥公之墓；古街 2 条，即岩下街与龙鳞街；古城墙与古庙各 1 处，古城墙是元代农民起义领袖方国珍所建的军防工事遗址，古庙则为全国

建筑细部

四大悬空寺之一。

朱溪村内的建筑形式以三透九门堂建筑为主，它们在空间上呈四合院"井"字形空间布局，四合院之间以马头墙相隔，马头墙多为四叠式。四合院的外墙上还有精美的山花砖雕，体现了当地独特的建筑艺术。四合院的内部以木雕构架最为突出，屋檐下的檩、梁、斗拱、牛腿、雀替等建筑细部的雕刻十分丰富。尤其是木檩，雕刻着许多具有美好意义的图案，如龙凤呈祥、鲤鱼跃龙门等。四合院地面以卵石铺地，并组成梅花鹿的形态。朱溪村中街巷四通八达，曲径通幽，环境十分优美。

小方岩凿磨岩画区是仙居古越族岩画群的四大岩画片区之一，被列为国家级重点文物保护单位，其岩画经专家鉴定为西汉时期的作品。周边的方岩山为国家重点风景名胜。村内的九狮挪球灯为国家第二批非物质文化遗产。据《朱溪宗谱》记载，朱溪四周地形有五狮坐卧之势，所以前辈艺人用大小五狮花灯庆祝元宵。1950年，为庆祝中华人民共和国成立，村内还特意展示了五狮花灯。1999年，九狮挪球灯首次出现，其采用提线木偶手法，于同年10月参加台州市首届民间艺术表演节，并获表演类特别奖。2000年，原来的五狮球灯正式改为九狮挪球灯，并获仙居县"元宵灯会"金龙奖。

朱溪元宵灯会中除了九狮挪球灯外，还有很多传统的表演项目，如腿弹虾灯、双龙灯、双狮灯、孔雀灯、凤凰灯、走马灯、鼓亭灯、十二生肖花灯活动等。

此外，朱溪村至今保存的民间传统技艺有竹编技艺、木艺雕刻、传统草鞋与草席的编织技艺等。前两者为仙居县级非物质文化遗产。

九狮挪球灯

传统建筑

朱溪村传统建筑调查表

编号索引	建筑名称	建筑规模	建筑年代	材料与结构形式
1	外翰第	2500	明末	砖石
2	三台里	2600	清早期	砖石
3	新屋里	560	清晚期	砖石
4	旧屋	640	元	砖石
5	古楼下	880	明初	砖木
6	上园	300	清	砖石
7	茶园上坎	1300	明清	砖石
8	茶园下坎	800	清	砖石
9	茶园	1300	清	砖石

村落
文化

历史名人

朱溪村文化底蕴深厚，人才辈出。清光绪十八年（1892），三台里朱大猷家被皇帝授予"五世同堂"匾额，五代分别为朱邦正、朱圣源、朱世芳、朱绍成、朱大猷。匾额当时挂在三台里正堂前，"文化大革命"时期被人偷走，至今不知去向。光绪年间，朱世钧的妻子潘氏还被授予"贞洁妇"名号，其牌坊立在现朱溪镇邮政支局前面，牌匾上刻有"圣旨"两字，"文化大革命"时期被拆除。朱朝泮又名朱江生，号江生老爷，清代末年被授予幼贡学位。民国时期，其孙子朱炳焯跟随孙中山一起参加革命，任陆军骑兵中尉。自中华人民共和国成立至 2000 年，朱溪村出现了三位唱快板的能人，分别为朱红棒、朱三康、朱海涛，他们自编自唱，看到什么、想到什么、听到什么，马上就能编出快板，唱得有声有色，相当动人。

小方岩凿磨岩画区

朱溪小方岩岩画位于仙居县朱溪镇东北角的小方岩上，海拔 400 米。目前发现较大的有两处：一处在俗称"狮子耳朵"的地方；一处在岩前村东南、俗称"小方岩下"处。总面积约 100 平方米，其上刻有似鸟、似鱼、似人、似马画 20 余种，风格古朴，线条粗细不等，距今 2000 年左右。2013 年仙居古越族岩画群被国务院公布为第七批全国文物保护单位。朱溪小方岩岩画区为仙居古越族岩画群的四大岩画片区之一，是全国首批 13 个岩画遗存获得认证的片区之一，也是浙江省唯一进入首批认证名单的岩画区。

方岩

在县东南四十五里朱溪上王境。远望若屏，近视如莲，怪石奇峰，千瓣攒簇，不可名状。其上宽衍平敞，有田二十四亩。旁有五大台，俗称南五台，为宋僧雪岩钦禅师开法处。元末，方国珍踞之，明将汤和率师破之，迁其寺钟于金陵。今西吕之畔名将军营，盖昔时屯兵处也。国初，僧湛庵兴为丛林，并浚四塘，旱则决之，山下居民咸资其利。

——《光绪仙居县志》

仙居民俗

九狮挪球灯

朱溪花灯发展的鼎盛时期是在 1348 年左右，朱元璋感叹"天下昌平，百姓安居，官府大放花灯，与民同乐"。朱溪灯舞多以各类动物造型为主体，在户外广场或其他活动场所进行动态表演，是仙居精彩的传统民间表演艺术之一。其代表性作品主要有九狮挪球灯（第二批国家级非物质文化遗产项目）、腿弹虾灯、双龙灯、双狮灯、孔雀灯、凤凰灯、走马灯、鼓亭灯、十二生肖灯等。这些造型灯，或模仿动物外形，显得栩栩如生、惟妙惟肖；或模仿水榭楼台，精致典雅、美轮美奂。

九狮挪球灯属木偶提线式花灯。操作架长 5 米，在九狮挪球灯的顶端安装一定数量的定轮和活动轮，9 只狮子通过 9 位表演者提线操作，可以在空中前后腾跃、上下纵扑、凌空展示动作，形象逼真，表演生动，具有较强的欣赏价值。九狮挪球灯可以固定表演，也可以流动表演。

朱溪腿弹虾灯

朱溪腿弹虾灯在 1936 年由朱寿英老艺人按照溪滩水中腿弹虾弹跳动作设计，用笔竹纸制作，由两人前后操作。1999 年 10 月，该灯参加台州市民间艺术节表演，获得铜奖。2000—2004 年，该灯参加了台州市跃桥区、临海市、玉环海屿节等活动，受到各地群众的欢迎。1999 年以来，朱三福、王洪福两位老艺人对腿弹虾灯进行了改进。目前，在腿弹虾灯的道具、材料、服装等方面都有了进一步的创新。腿弹虾灯由头、身、尾三部分构成。头部长约 0.9 米，嘴边张挂 12 根触须，上、下颌各 6 根，身躯长约 3.3 米，分 6 节，尾部长约 2.3 米，两翼分开，翼尖开叉。腿弹虾灯表演技术性较高，由两人操作表演，一人擎头，一人擎尾，操作者步履必须协调一致。两人同时向里跃一步，则虾灯全身弓缩；两人同时反向跃步，则虾灯伸直；两人同时向前跃进，则头部向前伸；虾灯伸缩自如，一缩一伸，在令人目不暇接的浮光掠影中，人们眼前的腿弹虾灯仿佛真正的虾回到波光潋滟的水中，自由自在。

18

"建筑博览"大战索村

　　大战索村拥有不同时期、不同种类、不同风格的建筑，因此可以称得上"建筑博览园"。"高山圣地，坡地村庄"是它的整体选址特征。大战索村四周环山，依山而建，村庄落差较大，下山头和周山自然村仅靠一条盘山路对外联系，村庄南侧为大战岙溪。

　　村落由一个行政村和两个自然村组成。村内建筑错落有序，依山而建，建筑朝向多受地形的影响，并反过来影响村落的建筑格局。村内历史建筑样式比较丰富，以石头建筑为主，有混土房、石头房、木屋、石木混合房等形式。建

整体风貌

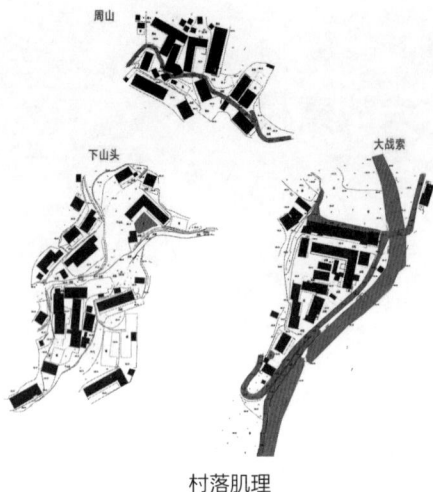

村落肌理

筑中有丰富的马头墙构造及石刻雕花等。四合院内的廊、门、木窗都有精美的木结构装饰，体现了仙居的建筑特色。

村内的建筑类型包括精致的条石建筑、石砌排屋、石砌木结构民居、木结构排屋、前门民居、夯土木结构民居、三合院以及L形民居。其中较有特色的建筑类型有废石料砌成石屋及相关的门头、门前石阶、立面转角、内廊等。

村中传统建筑集中连片，整体体现了清代典型的江南民居风格，也是仙居传统民居的代表。村落内三个村庄各自建造的房屋各有特色，甚至同一建筑中也有多种风格。正因如此，大战索村才能成为仙居县保存的建筑类型最多的村庄之一。

大战索村起源于明洪武年间，村内以李氏与戴氏族人较多。李氏家族世代恪守着"耕读传家，诗书继世"的家风传统，正因如此，李氏、戴氏等族呈现文风昌盛、人才辈出之势。因为人丁兴旺，村内常会重修族谱。族谱修编需要依靠族人的共同努力，以便精确统计人数、辈分等信息。族谱是认识和研究李氏、戴氏及大战索村起源和发展的重要历史材料，也是李氏和戴氏敬宗收族精神的重要物质载体。

族谱除记载家族谱系外，还记载了历代家训、族中名人及其事迹。在此基础上，有人修订了大战索村的村史。

街巷空间

建筑形式

传统
建筑

大战索村传统建筑调查表

编号索引	建筑名称	建筑规模	建筑年代	材料与结构形式
1	中央横民居 1	950	清	砖石
2	中央横民居 2	220	清	木制
3	后横民居	1086	清	木制
4	前门民居	1206	清	砖石
5	里屋基民居	294	清	木制
6	周山下坎民居 1	570	清	木制
7	周山上坎民居 2	714	清	木制
8	外湾民居	636	清	砖木
9	下山头下坎民居 1	466	清	木制
10	下山头下坎民居 2	336	清	砖木
11	下山头下坎民居 3	552	清	木制
12	下山头下坎民居 4	580	清	木制
13	下山头下坎民居 5	462	清	砖石
14	下山头下坎民居 6	692	清	砖木
15	周山特色民居 1	423	民国	砖木
16	周山特色民居 2	417	民国	砖石
17	周山特色民居 3	823	民国	砖石

仙居
民俗

竹工技艺

1. 历史沿革

竹工技艺是利用竹子本身的气质和特性，制造出一系列竹子工艺品。从精雅细巧的竹子编织到天然质朴的竹子装饰，从简朴的竹筒、竹节造型到巧夺天工的竹根雕刻，无不体现了竹子清雅朴实的材质美，给人以智慧的启迪和视觉上的享受。

2. 工艺流程

①把砍来的毛竹刨去竹节外梢，再用锯将其锯成所要做的器物的长度。

②把竹劈成碎片，使全部竹片一样宽。

③把竹片劈成六层、八层不等的篾片。

④把篾片厚薄不等地并打成帘状的竹板。

⑤用较厚的竹做角（不管什么家具都用角），最后用藤缠绕起来。

3. 材料工具

材料：毛竹、青藤、红藤。

工具：篾刀、锯、尖门、括刀、鸟刨、竹尺。

4. 传承状况

如今已很少有人学习竹工技艺，传承情况不容乐观。

俗信文化

型

君不见，潇湘江上斑斑竹，雨洒疏林泪痕绿。又不见金溪县里两婵娟，身化白金金渐复。至今九疑山下大江西，窈窕宗祠依古木。仙居更有杜贞娥，千古清风凛相续。

——贡奎《仙居县杜氏二真庙诗并序》

19

"道源洞天"羊棚头村

　　羊棚头村位于浙江省仙居县下各镇东南部、括苍山北麓。现其村域面积为1290公顷，村庄占地面积为33.2公顷，截至2015年，村内户籍人口为2232人，常住人口为2263人。村庄的主要经济来源为水果种植、经商及劳务输出。

　　"两山夹一谷，清流贯全村"是羊棚头村的选址特征。村落南靠门口山、大牛山且临括苍水库，东靠东许山，西靠西山（福音山）。居高俯瞰，村庄形似一条鲤鱼，鱼口朝向括苍水库，俗话说"鱼得水则生"，村庄坐落在此，就犹如鲤鱼汲水，环境极佳。

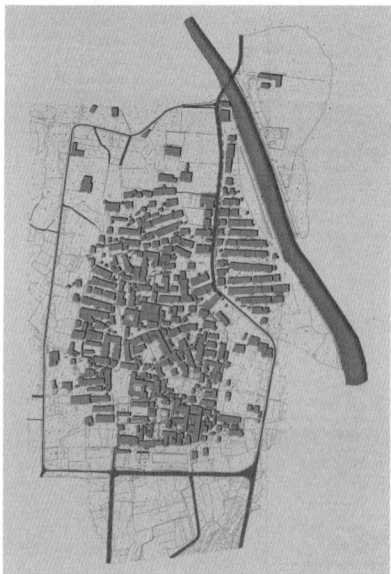

村落肌理

　　羊棚头村现存的传统古迹有古树3棵、古桥1座、古河道2处、石洞1处、水塘1处、古庙1座、古井1口、古亭1处、路廊1处、石碑6块、奇石2块。总体而言，村内传统古迹不仅类型多样，而且保存较好，具有较高的研究价值。

　　村中的建筑格局为典型的三透九门堂格局，十分强调建筑的整体性与对称性。目前村中保存良好的传统建筑有7座，且都具有较高的历史文化价值。其中，王氏宗祠、成氏宗祠及王氏古戏台为仙居县级文物保护建筑。从细部来看，四合院普遍采用了马头墙的形式，且以三叠雀尾式居多。在建筑的内部，木雕的构架较为突出，如屋檐下的梁、斗拱、牛腿、雀替等雕刻十分精美。房屋的檐、门窗上也有各种精美的雕刻，展现出当地独特的建筑文化和艺术造诣。

清明时节是居住在村内的章安王氏祭祖的日子，这是全族一年中较重要的日子之一。那几天，男女老少合族聚集于宗祠拜祭。宗祠中，面宽三间的大殿（俗称三间）居中，台门朝东，四周围墙，入门处有一戏台。大殿正中放置王氏家族始迁祖的牌位，牌位之前是案桌、丁山、拜坛。祭祖仪式由各房轮流当值，值房族人提前一个月进宗祠酿酒，备办祭品以及桌、碗等物。在每年正月期间，羊棚头村还会举行宗族运动会。

至今，羊棚头村依然保留着二月二舞竹龙及正月十四灯羹节等传统活动。羊棚头村的越剧表演是村中重要的文化演出之一。在每年二月初二，村中都会举行盛大的庆典及舞竹龙的活动。同时，村中还保留着一些传统的手工技艺，如木制品、竹制品及铁艺品制作工艺。

羊棚头村旁还有中国道教的第十大洞天——括苍洞。过去曾有众多修养高深的道士在其中修行，如汉代的徐来勒、王远，三国的左慈、葛玄、蔡经，晋

周边环境

141

整体风貌

传统文化

代的郑思远、平仲节、羊惜，唐代的叶藏质，宋代的陈会真、马自善，以及当代的闻玄真等。在传统社会中，共有6位帝王对括苍洞赐名或赐物。他们分别是唐玄宗李隆基、宋真宗赵恒、宋徽宗赵佶、南宋孝宗赵慎、南宋光宗赵惇、南宋宁宗赵扩。由此可知，羊棚头村的道教文化十分繁荣。

村中还出现了很多历史名人，最为著名的是明代著名的抗倭名将——章安王氏第十五世祖王士琦，现在村中还保留着他的古墓及文献遗物。

王氏第一代先祖像及其陵墓

第十洞天与村庄相望相依

建筑细部

**传统
建筑**

羊棚头村传统建筑调查表

编号索引	建筑名称	建筑规模	建筑年代	材料与结构形式
1	王氏宗祠	495	明	砖石
2	王氏古戏台	30	清	砖木
3	成氏宗祠	1025	清	砖木
4	成氏古戏台	35	清	砖木
5	成氏老五份民居	1950	清	砖木
6	成氏新五份民居	2240	清	砖木
7	水井头民居	1600	民国	砖石
8	成氏老三份民居	1050	明	砖木
9	成氏新三份民居	1513	清	砖石

**村落
文化**

章安王氏协会

为了弘扬祖国优秀历史文化、继承王氏先祖优良传统、光大王氏宗族伟业、加强章安王氏各宗支之间的团结、维护王氏宗族尊严、竖立王氏宗族威望，王氏宗亲以王氏同宗共祖的历史史实为基缘，做到互相帮助、互相支持、共同发展，构建了章安王氏协会。协会是以研究章安王氏宗族文化、团结王氏各宗支、振兴章安王氏宗族为目的非营利性社团组织，章安王氏宗亲可自愿加入组织。

章安王氏协会连续 21 年召集各宗支代表 300 多人到宗祠进行历史文化研究与宗祠保护工作，去始祖默庵公墓园祭祖，上门慰问全族 90 岁以上宗亲，上门送匾额、送奖金祝贺考上全国排名前十位的大学的宗亲子女，去医院看望慰问病重的宗亲，上门慰问遭天灾人祸而生活困难的宗亲，在宗亲之间或与外姓人发生纠纷时及时给予帮助。因此，羊棚头村王氏宗祠成为全族精神文化、友谊亲情、道德礼仪、慈孝崇善的源泉基地，对精神文明建设发挥了巨大的作用。

协会的宗旨为：联通章安王氏宗亲，弘扬尊祖敬宗，团结友善，爱国爱乡，爱族爱民，倡导和谐，兴我王氏，兴我中华。

协会的目标为：①研究章安王氏各宗支的历史文化及先祖丰功伟绩。②保护章安王氏各宗支的文化遗产、文物古迹。③挖掘章安王氏历史名人和现代名人。

村落传说

二月二舞竹龙

传说，清代某年大旱，人心惶惶。在二月初一夜，不少人梦到长龙盘旋降雨。翌日，人们便扮龙求雨，果然大雨倾盆，后成习俗，每年春节、元宵、农历二月初二，村中便会举龙出迎。龙灯以竹架糊纸，彩绘考究。龙头由 16 人抬，每节龙身由 2 人轮换擎游，鼓角相闻，气势磅礴，蔚为壮观。每年元宵节，各乡镇分别迎龙进城，在东门体育场"盘龙"，每条龙均有 300 节以上，近千人参加擎龙，观众多达10 万人，大街小巷被挤得水泄不通。

大年谢天地

谢天地是一种祭神活动，大多在农历十二月廿七夜进行。一般将两张八仙桌相接，桌前围着大红桌帏，桌端放香炉蜡台，桌上陈放供品。供品很有讲究，一般都是六样，代表着六六大顺：六杯酒、六碗茶、六碗饭、六样菜、六种甜点。菜有猪头、全鹅、鱼（两条，鱼头必须朝里）、蛋和蟹，均用红漆祭盘盛装，另有瓷盆装豆腐、糖、粉干、咸酱及糕点水果等。祭桌前方还有两叠年糕，上面放着用米粉捏成的两只"元宝"，元宝下面压着用红纸剪成的"福"字。摆完供品即放礼炮以迎接"神"的光临，主祭者跪地参拜，祈祷明年五谷丰登、阖家平安等。

正月十四灯羹节

正月十四吃灯羹的来历，据说与戚继光抗倭有关（过年吃春卷、八月十六过中秋节等据说都与抗倭有关）。传说当年戚大将军带领将士在前方抗敌，正月十四五的天气还很寒冷。后方的老百姓为了让前方战士及时吃上热热的饭食，就把米磨成糊，和各种菜拌在一起送去。战士们吃了热热的糟羹，就更有力气战斗了。

八大碗

每逢节日，羊棚头村村民都习惯吃八大碗。相传，八仙在过海时无意中惹怒了东海龙王，龙王便与之交战起来。两边因实力相当而久战难胜，劳累疲惫，便均退居海滩稍憩。此时，八仙颇觉腹中空空，饥饿难忍，便分头寻食充饥，哪知一眼望去均是海滩薄地，荒无人烟，除曹国舅一人外，个个扫兴而归。

原来，曹国舅一人不辞劳苦，远行至内陆，忽闻一股奇香扑鼻，不觉垂涎三尺，立即寻香进入凡间一村中。他乔装成农家村夫在村中的宅院中窥视，只见一四方桌旁围坐着八人，诱人的菜肴一个接一个地端上，于是将其中七道菜肴带走，又想起仙姑不食荤，为其独带了一道素菜，计八大碗，并留言：国舅为众仙借菜八碗，日后定当图报。

从此以后，人们为讨吉利，改方桌为八仙桌、坐八客、食八菜（八冷碟、八大碗菜），并一直流传至今。

仙居民俗

越　剧

越剧是我国重要的地方戏曲剧种，它从最初的曲艺落地唱书发展成为当今风靡全国的第二大剧种。随着电视的普及、电影院的建立和互联网的不断发展，流行歌曲、欧美影片等也随之涌入我国市场，这造成了一些人娱乐取向的转变，使传统越剧陷入了前所未有的危机之中。在大力进行非物质遗产保护和建设社会主义新农村的今天，越剧成为非物质文化遗产保护的一个重要课题，也是群众文化工作需要研究的一个重要内容。羊棚头村的越剧团成立于1952年，享誉周边，多次受到领导嘉奖。

20

"佛宗祖庭"祖庙村

祖庙村所在的广度乡，地处仙居县城东北部，距仙居县城关镇 23 千米，东北与天台县为邻，南接仙居县城关镇，西北与磐安县为界。祖庙村因庙而得名，元代贡奎的《仙居县杜氏二真庙诗并序》对此有详尽的记载。

祖庙村依山傍水，四面山峰环绕，清澈的盂溪自北向南穿过村庄，将村落分割在溪水的东、西两岸，山水尽收眼底。祖庙村根据地形地势，石头屋、四合院等错落有致地排列，村落依靠独特的山水风光，修建了具有传统特色的建筑，并在此基础上创办了祖庙山庄，对村庄旅游产业的发展有一定的贡献。

村落的石头屋分布于全村下辖的各自然村。这些建筑不仅历史悠久，且造型独特。目前村落主要保存下来的石头屋近 200 间。这些石头屋与前门四合院、杜庙等共同构成了祖庙村的传统建筑群。其中杜庙为宋代传承下来的古庙，保存较好。

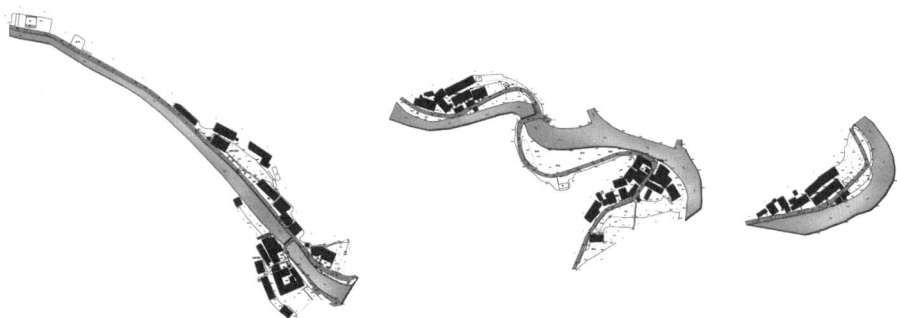

村落肌理

四合院式建筑　　　　　　　　L 形建筑　　　　　　　三合院式建筑

　　村中的整体建筑以四合院及三合院式建筑为主，呈条状散列分布在对外交通沿线上。村内的两层挑檐、三层挑檐、高低民居、悬空石阶、弧形墙体保存得相对较好。但建筑细部没有受保护，被破坏得较为严重。

　　村内的传统技艺有龙骨水车制作、麻糍烧制、竹工艺术、木窗雕刻、仙居八大碗、农具制作等。龙骨水车是村民用来灌溉的农具，由于其结构合理、牢固实用，所以能一代代流传下来，直到近代，随着农用水泵的普遍使用，它才完成了历史使命，悄悄地退出了历史舞台。村中做麻糍的习俗最早可追溯到明清时期。麻糍是一种冷熟储藏食物，一般在过年时做麻糍，祈愿明年全年好景，是一种吉祥的象征。

　　祖庙最具特色的古迹当数摩崖雕刻，这是古越族的文化遗产，最早可追溯到新石器时代的中晚期，属于国家级保护文物。它主要位于最北面的中央坑村的一个石壁上。目前，道路还只能通到摩崖石刻前 200 米处。该村共有三处古越族的象形文字，这些象形文字对研究中国文化的产生及传播有重要的意义。此外，村中还有古树、古桥等传统要素。

　　据说祖庙村曾盛行生殖崇拜，这些崇拜也可以在祖庙周

龙骨水车

边的岩画中找到证据，如中央坑岩画的部分内容便反映了当时人们的生殖崇拜。此地以"祖"命名也并非偶然，传说祖庙是古代仙居县城原住民男女约会和祭祀先祖的场所。

祖庙村的《安乐徐氏宗谱》传承已久，历代徐氏后人会定期组织人力物力对宗谱进行修订和补充。《安乐徐氏宗谱》篇幅庞大、内容完善、体例规范清晰。除了宗族谱系外，宗谱还记载了徐氏历代家训、历代人士对徐氏宗族及祖庙村各种物质和精神遗产的贡献。

传统建筑

祖庙村传统建筑调查表

编号索引	建筑名称	建筑规模	建筑年代	材料与结构形式
1	三亩田民居 1	480	清	砖石
2	前门四合院	563	清	砖木
3	三亩田民居 2	1235	清	砖石

村落文化

杜庙传说

祖庙村因村前有一名为祖庙的古庙而得名。这座古庙即现在的杜庙（又称大庙或慈感庙）。杜庙最先祀奉的是因贞烈而殁的杜氏二女。相传隋大业年间，东阳有杜氏二女，其二人父母早亡，于市集兜售汤饼，遭到厨人挑逗，激愤而杀之，并逃匿孟溪山中。不料，是夜大雨，山洪暴发，二女随之溺亡，尸体被冲到巨木之上，苍藤缠束，俨若棺椁。其后，二女的骨骸交锁，人或以为其已经成神（锁骨菩萨）。

至唐天宝年间，有仙居县令钟离介取杜氏二女的遗骨立祠于三坑口，称石藤、石棱二夫人庙，而此最先立庙之地即现今的祖庙村村口。

仙居
民俗

龙骨水车

1.历史沿革

龙骨水车具体发明的年代现已无从考证，但据传三国时马钧曾对其予以改进，此后一直在农业上发挥巨大的作用。以下史料是对龙骨水车的记载。

《后汉书·宦者传·张让》："又使掖廷令毕岚……作翻车渴乌，施于桥西，用洒南北郊路。"李贤注："翻车，设机车以引水；渴乌，为曲筒，以气引水上也。"《三国志·方技传·杜夔》南朝宋裴松之注曰："居京都，城内有地，可以为园，患无水以灌之，乃作翻车，令儿童转之，而灌水自覆，更入列出，其巧百倍于常。"宋梅尧臣《和孙端叟寺丞农具十三首·水车》："既如车轮转，又若川虹饮。能移霖雨功，自玫禾苗稔。"宋王安石《山田久欲坼》诗："龙骨已呕哑，田家真作若。"清蒋炯《踏车曲》："以人运车车运辐，一辐上起一辐伏。辐辐翻水如泻玉。大车二丈四，小车一丈六。小以手运大以足，足心车柱两相逐。左足才过右足续，踏水浑如在平陆。高田低田足灌沃。不惜车劳人力尽，但愿秋成获嘉谷。"南宋陆游《春晚即景》："龙骨车鸣水入塘，雨来犹可望丰穰。"

龙骨水车适合近距离提水，提水高度为1~2米，比较适合在平原地区使用，或者作为灌溉工程的辅助设施，从输水渠上直接向农田提水。用于井中取水的龙骨水车是立式的，水车的传动装置有平轮和立轮两种。提水时，它一般被安放在河边，下端水槽和刮板直伸水下，利用链轮传动原理，以人力（或畜力等）为动力，带动木链周而复始地翻转，装在木链上的刮板就能顺着水把河水提升到岸上，进行农田灌溉。龙骨水车的出现，对解决排灌问题起了极其重要的作用。最初的龙骨水车是用人力转动的，后来我国人民又创制了利用畜力、风力、水力等转动的多种水车。

2. 结构组成

龙骨水车的结构是以木板为槽，尾部浸入水流中，有一小轮轴。另一端也有小轮轴，固定于堤岸的木架上。用时踩动拐木，使大轮轴转动，带动槽内板叶刮水上行，将水倾灌于地势较高的田中。后世又有利用流水作动力转动的水转龙骨车、利用牛拉使齿轮转动的牛拉翻车、利用风力转动的风转翻车，广东等地还有用手摇的手摇拨车。

3. 用途

龙骨水车是唐宋以来使用最普遍的提水机械，特别是南方大兴围田之后，对低水头提水机械的需求更加迫切。元代王祯《农书》绘制了不同动力的龙骨水车的图谱。明代宋应星《天工开物》中亦有改绘的三种龙骨水车。

4. 传承状况

龙骨水车作为灌溉机具现在已被电动水泵取代，然而这种水车链轮传动、翻板提升的工作原理，却有着不朽的生命力。

21

"古刹悠远"三井村

三井村位于浙江省仙居县广度乡，现今村域面积为 5.3 平方千米，村庄占地面积 45.6 亩，户籍人口 1049 人。村庄居民收入来源主要为农业与外出务工，村庄现主要产业有杨梅种植、药材种植、油茶种植与制作等。

该村与仙居县的其他村庄在选址上有些不同，村庄依山而建，三山环抱，因为其地势高低错落、起伏较大，很难形成连片的三透九门堂建筑，而多为单体独坐的建筑，所以建筑形式比较统一。同时，又因地处山区低洼处，建筑朝向多由地势而定。而村落水源为自然山坑水，从山势高处引流而来。村庄内部有一处三井潭，历来是水源丰沛之地。相传每逢干旱，历代仙居官宦便来此求雨，这让三井村多了一份别致的人文气息。

现村域内主要留存的传统资源有古树 20 棵、古墓 2 座、古井 3 口、古庙 2 座、古潭 2 处、古碑 1 块、古河道 1 处及古桥 2 座。其中，古碑名为"广种福

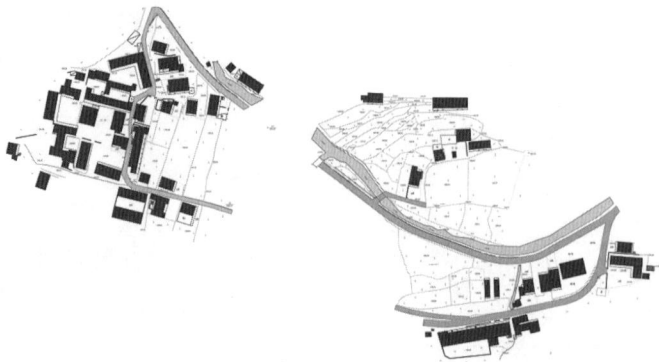

村落肌理

田碑"，在静乐寺内被发现，记录了清同治九年（1870）村民捐资修整静乐寺的过程。

三井村三面环山，惟其东面略平缓开阔，因此成为村庄入口。此地原来只有一座三井禅寺，后来王氏后裔迁居于此，围绕三井禅寺而居，便逐渐形成了村落。三井禅寺依山而建，坐西朝东，从大门往里，沿着山势，层层升高。寺庙两边为厢房，建筑的整体布局与传统寺院相同。其他民居都以此庙为依托，向前方平坦开阔处拓展。村内大多数建筑也都是面向东方。整个村地势呈前低后高之势。前面尚有开阔地带，形成山区古村的建筑单元。

村庄内部古建筑以木材和石头为主，建筑形式统一，主要古建筑为三井禅寺。三井禅寺始建于唐代，由金刚殿、大雄宝殿、方丈楼组成，因其内部有三

周边环境

节孝流芳碑　　　　　　广种福田碑　　　　　　古墓（隋代）

三井禅寺

口井，故起名三井禅寺。新建建筑主要以砖石为材料，建筑风格符合仙居传统建筑的风格。1939年，台州学院前身台州初级中学为躲避战乱迁址于此，现存于仙居广度乡的"烽火弦歌"纪念碑就是为歌颂此校于烽火之中坚持办学以保国家文脉的精神。三井禅寺还是村民进行腊八节庆及文化纪念活动的主要场所。总之，三井禅寺与三井村的传统文化有着密不可分的关系。

传统
建筑

三井村传统建筑调查表

编号索引	建筑名称	建筑规模	建筑年代	材料与结构形式
1	三井禅寺	1500	唐	砖石
2	石头屋	1700	明清	砖石
3	泥坯房	1800	唐	砖土
4	明清民居	3000	明清	砖木

**村落
文化**

腊八节庆

三井禅寺保留着在腊八节派施腊八粥的习俗。相传"腊八"的说法来源于佛教的创始者释迦牟尼。他成道前苦行六年，在这六年苦行中，每日仅食一麻一米，后于腊八之日在菩提树下悟道成佛。后人为不忘他所受的苦难，于每年腊月初八吃粥以做纪念。腊八节从此被视作佛教的重大节日。三井禅寺作为历代名寺，一直用香谷、果实等煮粥供佛，并将腊八粥赠送给门徒及善男信女，该习俗至今已有几百年的历史。现在，每年腊八节，三井禅寺都会在寺院门口设施粥点，向善男信女施放腊八粥，并把腊八粥送往附近的敬老院、孤儿院等，寓意人们可以得到佛祖的保佑，增福增寿。

戴氏节孝传

夫人之所以长留于天地之间者，非必事功之彪炳也、爵禄之尊荣也、聪明才艺之矜奇也，而立异也。为此正气之浩然者，常伸于方寸之中，斯其大节。岁欢然于天壤，忠臣然，孝子然。即妇人之贞烈，亦何莫不然，吾乡戴氏安人，先辈儒士，陈桂香公之妻也。桂香公，年二十而卒，其父悲其亡也，举生平所遗之物，及手迹所存，皆毁之弃之，而焚烧之。盖因积孕之苦，以致积病之深，而不觉为之。

红色文化传承

1939 年，台州初级中学（即台州学院前身）师生为躲避日寇炮火，由临海迁至三井村。师生还因地制宜，伐取山里木材，建造了简易的校舍，至 1944 年成了一所省立师范学校，增办了普通师范科，并附设了民办教育馆，直到抗战胜利。三井村因此成为抗日战争中烽火炫歌之地，为台州地区的教育做出了贡献。中华人民共和国成立后，为弘扬红色文化，三井村设立了台州学院教学纪念点，且每年都会在三井禅寺组织纪念活动，以此弘扬战争年代艰苦求学的精神，激励三井村后代子孙奋发图强。

三井村历史名人

三井村培养过许多历史名人。

项斯：唐代台州第一位进士，也是台州第一位走向全国的诗人。

陈襄：北宋理学家，"海滨四先生"之首，为仁宗、神宗时期名臣。

唐仲温：宋代名宦，曾为仙居县令，亦常来三井禅寺求雨。

陈庸：南宋理学大家朱熹的学生。

王一宁：字行，后改字文通，号节斋。明永乐年间进士；正统十三年（1448），累官至礼部右侍郎；景泰二年（1451），转左侍郎兼翰林学士入内阁，次年晋太子少师，卒于任。王一宁后裔一支迁居三井村之塘头自然村，今塘头村王姓者多为其后裔。村中尚留存王一宁及其夫人画像原迹，极为珍贵。

仙居民俗

草席编织扎制

1. 工艺流程

①取材：龙须草、罗桐皮、席草。

②调纺：调纺草席经，手搓草席边经。

③席经上机架：据草席的宽度，把席经分档吊上机架。

④纬草打撞：把席草用竹针插入，然后打撞。

⑤晒席抹屑：把打好的草席放在太阳下晒，然后用手搓去草屑和黄叶。

2. 材料工具

工具：机架、纺席经日头、竹针。

材料：当地咸水地席草、龙须草、罗桐皮。

3. 传承状况

草席编织扎制的手工技艺在低洼田较多、适宜种席草的村庄，皆有中老年妇女群体传承。产品销售于各地，特别是一到夏季，供不应求。

生态文化 型

环山胜迹云堆：寿云捧日、保障流霞、云洞风霖、广寒仙音、石潭九味、玉霄泻流、仙女挽舟、狸猫戏锣、双笋朝天、太虚方池。掐不胜屈，冠绝诸州，逐次往观，历旬月，不得暇矣。丁水之阳，土地平旷，阡陌交通；浅陵低丘之上，佳果美芹熙熙。

——冯苏《江右竹源记》

22

"苍松翠柳"溪头村

　　溪头村是横溪镇一个规模较大的行政村，位于永安溪畔，在台金高速横溪互通出口附近。村庄户籍人口2531人，占地16.6公顷。溪头村有着优美的自然环境，村前的山峰与永安溪共同组成了"双峰挺秀""双鱼戏水"等景观。从交通上讲，溪头村船筏水运便利，在传统社会中，是仙居通往婺州（今金华）、处州（今丽水）、衢州的交通要道——苍岭古道的重要官渡口。此外，溪头村土壤肥沃，尽占地利之优良，可谓风水宝地。溪头村村民在九龙溪畔开田辟地、构建住宅，至南宋已具相当规模。

　　沈姓之始祖希古公（沈鉴）曾任议郎，后晋开运二年（945）自永嘉（今温州）入赘乐安（今仙居）上坂（今溪头村西之上地）唐国戚李家为婿，并于九龙溪（后改为九郎溪）畔新建堂宅，并定居于此，后发展为溪头村。宋太平兴国四年（979）希古公告老还乡，于溪头奉敕建节度使牌坊，名"新坊"，并诰封其所居堂宅为"三善堂"，以旌其功德。溪头村正为新坊沈氏发祥地，新坊沈氏此后生生不息，繁衍至今，已传三十九代，绵延一千多年。因此，溪头村成为远近闻名的沈姓大村。

　　溪头村位于永安溪北岸的冲积平原之上。村落南临风景优美的永安溪，东南方向为神仙居景星岩景

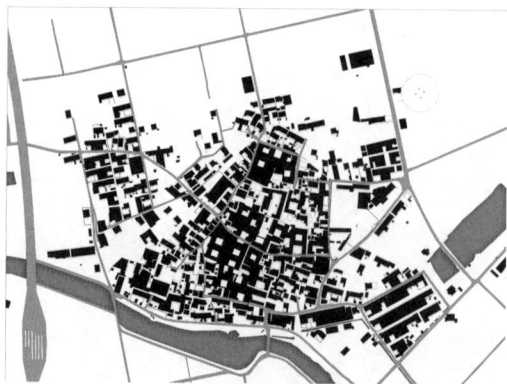

村落肌理

区，北面平原为耕地田园，可遥望北面更远处的山体。村庄东北与西南两个入口均有百余年古樟树矗立，东北方向入口的樟树树龄达三百余年。它的附近还有一处公园供村民休憩游玩。

溪头村自古便兴盛佛教，相关的名胜古迹也较多，据考证佛教寺庙有十多处。而唐武宗会昌五年（845）颁诏天下拆毁佛寺，溪头的佛教寺庙便在当时俱毁。

现在村中的连兴寺是清咸丰年间所建。寺中建筑精致秀丽，雕龙画凤，合抱石柱镌刻名儒对联。寺内的主体建筑为玉皇殿，该建筑主要供奉玉皇大帝。连兴寺外为长生潭，大门外的石桥跨在长生潭之上，潭边有棵百年溪椤树。村内现有宗祠一座，现坐落在小学操场之上，宗祠内还存放着一块古碑文，记录了溪头村的相关历史。村东北的土地庙（德新殿）中有多处古井。周边有下汤遗址、垟连寺及景星岩等古迹。

早在南宋宝庆年间，溪头村便分为南、北两区，一条官道从村中穿过，贯通东西。官道两侧现保存的传统建筑主要有两大建筑群，其南为"翰林里"，其

周边环境

村内环境

北为"院里"；此外，另有一些单院落的"仁是里"门堂，为四合院建筑。民居多为仿宫殿式高档合院住宅，布局严谨，雄伟壮观。村庄建设颇具规模，宅院形式以三合院与四合院较多，相互连接为典型的三透九门堂式，形成成片发展的建筑形式。现在村庄的整体格局未变，官道两侧保留了许多传统民居，约占全村建筑比例的40%。因为交通便利，官道两侧的民居中有大量的商铺。

据村民所述，村中仿宫式建筑是受朝廷特许而建造的，这便是仙居特色的传统建筑三透九门堂形制的发源。仙居三透九门堂本意是三进厅堂，每进厅堂有正门、东西两厢旁门共三门，三进则为九门，形制与宫式建筑相仿。

村内的建筑类型有三种，分别是青砖、石砌、夯土材质的民居建筑，以小宗祠、连兴寺、土地庙（德新殿）、溪头影剧院为代表的公共建筑，以沿街商铺为代表的一些居民生产所用建筑。

翰林里是当地具有特色的四合院民居，建筑格局为三栋三堂；建筑的形式具檐廊环绕、墙展六叶、飞檐翘角、瓦栋翻弓、两厢合抱之美。宅院后设有花庭，庭中有与宅院同龄的铁树一株。宅里原有9个天井，现存7个。其天井上的图案由永安溪中"瓜子石"拼成，生动形象，工艺高超。天井的四角各有1个

建筑形式

建筑细部

开口，兼具排水和装饰功能。

院里为清道光年间溪头沈锡大的私人宅邸。该建筑有外周墙环绕，一户自成一院，户与户相互紧挨，为典型的三透九门堂建筑。宅内天井用50厘米长的正方石板拼成，天井前两边有鱼池一对。大门石梁上雕有狮子戏珠。院后置三塘。

现保留的建筑细部最为完整的是翰林里、院里、小宗祠与连兴寺。这些建筑内部廊柱环绕，多为木结构。牛腿、雀替与门窗雕刻狮子、花卉等精美图案，其中部分还运用了镂空的工艺。外墙保留了带有墙画与石刻的马头墙、门台、门楣等。商铺沿廊也有雕刻的牛腿。这些都显示了古时村庄的繁荣。

溪头村内部街巷仍保留以人为本的特色，其主街道为村中心东西走向的官道，街道两侧有商铺、建筑门台，以及敞开的小广场；一般建筑的街巷网络中，会有水井分布在门前屋后。

溪头村的传统文化包括花灯制作、孔明灯制作等。

传统建筑

溪头村传统建筑调查表

编号索引	建筑名称	建筑规模	建筑年代	材料与结构形式
1	翰林里	2057	明嘉靖十年（1531）	砖石
2	院里	2824	清道光八年（1828）	砖石
3	连兴寺	815	清光绪十年（1884）	砖石
4	小宗祠	345	清光绪五年（1879）	砖土
5	仁是里	1376	清光绪十年（1884）	砖土
6	民居一号建筑	1068	清初	砖石
7	民居二号建筑	798	清初	砖石
8	民居三号建筑	1406	清初	砖木
9	民居四号建筑	646	清初	砖石

仙居民俗

农具制作技艺

农具制作由来已久，早在旧石器时代，原始人已经学会将一块火燧石敲成一片片的薄片。随着科技的进步，人们制作农具的方法越来越先进。

1. 工艺流程

准备：搬移材料工具到场地，并安装好工具。

打样：按各农具的形状做好毛坯。

精做：根据大小比例，用刨子刨好。

2. 材料工具

材料：选用山上年份长一点的杉、松、柏树。

工具：斧头、手锯、凿、刨子、圆钻笔、墨牛、角尺、大橙、三脚马、竹筏。

3. 行规习俗

请木匠老师前，需烧一桌菜，并请来地方上有名望的人一起用餐，上午要烧制点心、发烟。

4. 传承状况

原来的手工打稻桶随着社会发展而被淘汰，逐渐演变成脚踏打稻机、电动脱粒机。目前已发展为收割机。犁耙已改成铁犁、铁耙。

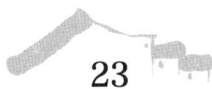

23

"林中石屋"油溪村

油溪村位于浙江省仙居县淡竹原始森林边，距淡竹原始森林主入口约300米，因该地拥有得天独厚的自然环境，所以在此成立了原始森林淡竹休闲景区。油溪村现在的经济收入以农业为主、旅游业为辅，主要农作物有毛芋、红薯、水稻等。现其村域面积为25.2平方千米，户籍人口为968人，常住人口为600人。

油溪村始建于300年前，其先祖由白塔镇高迁村迁入现址。因其村中石头遍布，房屋皆为石砌结构，故该村又有"石头村"之称。村落在青山绿水间，周边拥有大片农田，风景优美，远远看去，仿佛世外桃源。一条终年不息的十三都坑从该村流过，溪两岸古树众多，其树龄均在300年以上。其西侧靠近上吴自然村处有一块天然形成的奇石，形状似人。

油溪村总体分为南、北两面，北面叫上 kai（方言），南面叫下 kai。北面的房屋全部为清初至民国年间建造，南面的房屋则是以现代建筑为主，但外墙仿照清代建筑的外墙样式而建，使其与周边年代久远的房屋外貌相协调，保持了

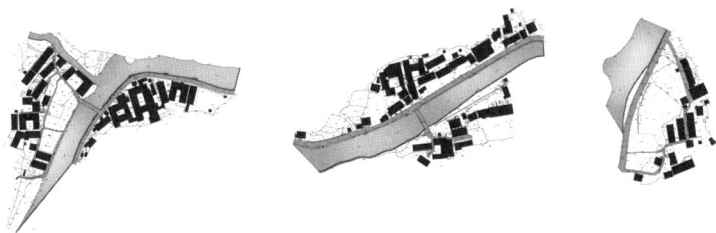

村落肌理

周边环境

石人景观

十三都景观

传统建筑之间的小路

传统建筑之间的弄堂

传统村落街头小巷

村落房屋样式的统一。村貌保存较好是油溪村建筑格局的突出优点。村中房屋依河而建，呈家家相接、户户相通的格局。一条条古朴的石路巷道四通八达，交错地连接着各个古建筑，形成一张交通道路网。

村落中保存的多处传统建筑形态完好，其中还包括像三合院、四合院样式的石头结构房屋。村落中的建筑形态多样，它们相互映衬，体现出古人的建筑美学与文化造诣。在建筑细节方面，这些古建筑的木窗与木门上有各种各样的精美雕花，巷中的石墙上也有形态各异的雕花石窗。

油溪村不仅有各式各样的传统建筑，而且流传了丰富多样的传统技艺与文化。箍桶技艺、麻糍烧制技艺、麦饼烧制技艺、豆腐制作技艺、竹工技艺及石雕技艺等都体现着其先祖的独特匠心。

此外，油溪村还保留着传承久远的《吴氏西宅宗谱》，历代吴氏后人均会定期组织人力物力对该宗谱进行修订和补充。《吴氏西宅宗谱》篇幅庞大、内容清晰、体例规范完备，除了拥有完善的族谱谱系外，还记载了吴氏历代家训、先祖遗作等。后人以《吴氏西宅宗谱》为根据，通过对吴氏族内名人事迹及著作进行搜集、整理，编订了油溪村的村史。

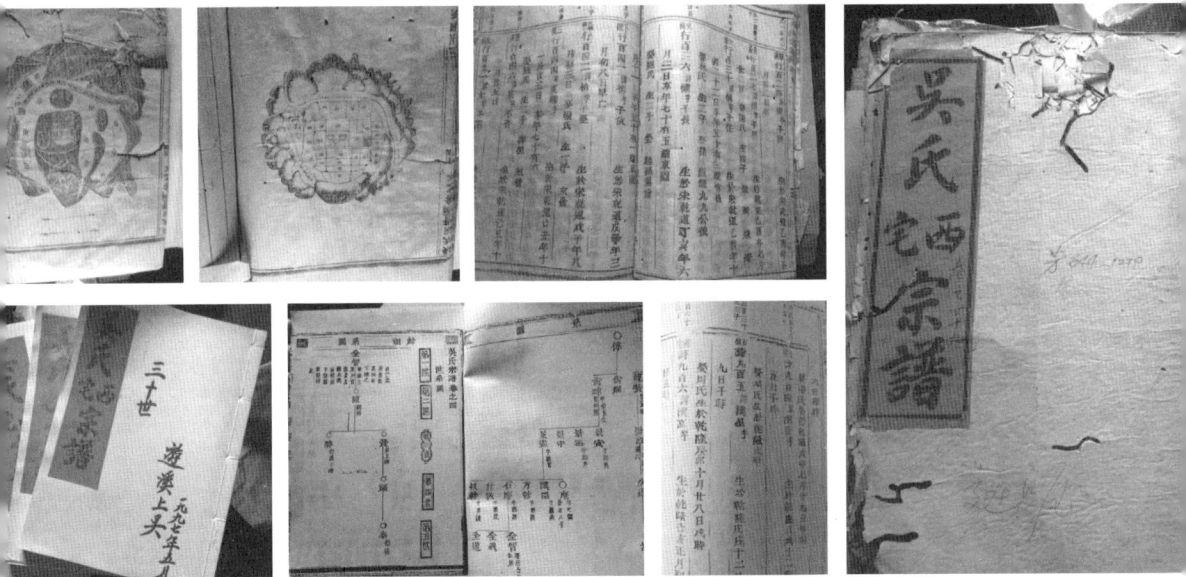

《吴氏西宅宗谱》

传统
建筑

油溪村传统建筑调查表

编号索引	建筑名称	建筑规模	建筑年代	材料与结构形式
1	下门前民居 1	448	清初	砖石
2	下门前民居 2	216	清初	砖石
3	上新屋民居	1504	清初	砖石
4	下新屋民居	2704	清初	砖石
5	下门楼民居	574	清初	砖石
6	大会堂	1202	民国	砖石
7	小村民居 1	251	清初	砖木
8	小村民居 2	823	清初	砖木
9	小村民居 3	550	清初	砖石
10	小村民居 4	986	清初	砖石
11	上王民居 1	498	清初	砖石
12	上王民居 2	1637	清初	砖石
13	下坎民居 1	457	清初	木制
14	下坎民居 2	854	清初	木制
15	古竹园民居 1	1066	清初	砖木
16	古竹园民居 2	1086	清初	砖木
17	古竹园民居 3	703	清初	砖木

仙居
民俗

烧炭技艺

烧炭技艺即将树木枝干烧制为炭，对此古人也多有记载。《魏书·刑罚志》载："畿内，民富者烧炭于山，贫者役於圃溷。"唐白居易《卖炭翁》载："卖炭翁，伐薪烧炭南山中。"

1. 工艺流程

①搭厂：用杂木搭一间房，专给烧炭人住宿。

②窑基：最适合选择在深谷边。

③打窑：把柴枝搭成馒头形状，中央高四周低。

④请土地：用猪头等酒菜请土地神，祈求炭越烧越好。

⑤砟柴枝：把四周的杂木砟来准备烧炭。

⑥烧窑：把干燥的柴放至窑里，再将其余杂木放在柴上，以利于点火。

⑦闷窑：待烟囱冒青烟，便开始闷窑。

⑧出炭：闷一日一夜后，开始出炭。

2. 材料工具

材料：山上的杂木、有黏性的泥（打窑用）、茅草（盖厂用）。

工具：砟柴的刀、磨石、锅等。

3. 行规习俗

上山烧炭前，必须先请山神，再动土挖窑基。窑打好后，需供奉土地神，以三块石头砌成桥形，在请土地神时，念"窑门点火""窑背扑马""点窑满窑红，闷窑断火种""进窑柴十担，出炭千千万"等祝词。

4. 传承状态

烧炭（白炭）技术要求很高，烧炭人要吃苦耐劳。目前，淡竹乡一带为保护生态林，禁止上山烧木炭。

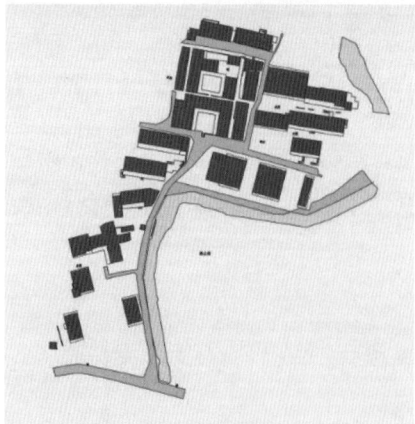

24
"天柱峰下"尚仁村

尚仁村位于仙居县西南部,距仙居县城 39 千米,东临上张乡,南与温州市永嘉县接壤,西连横溪镇,北接白塔镇。该村村域面积 10 平方千米,占地面积 275 亩,户籍人口 1731 人,常住人口 1126 人。现今村内主要农作物为杨梅、水蜜桃、苗木等。村民人均年收入约为 6000 元。

明代时,尚仁村属于清风乡;清代时,属于十三都。民国时,县下设区(镇),区下设乡,尚仁属田市区韦羌乡。中华人民共和国成立初,尚仁村成为尚仁乡政府驻地。1970 年,淡竹、尚仁两公社合并称淡竹公社,尚仁村属之。之后,尚仁村一直是淡竹乡政府所在地,并隶属淡竹乡管辖。

永安溪主支流韦羌溪穿村而过。韦羌溪发源永嘉,北流至淡竹坑,汇合大、小源港诸山坑水后,再北流 60 里至白塔汇入永安溪。其上游一带,峡谷对峙,水流湍急,进入尚仁村后,两岸夹山方才略显开阔,溪道渐宽,沙土稍有沉积,从而形成了狭长的溪谷平地。尚仁村即位于这个溪谷平地的南端。这一带是十三都坑开发较早的区域。据《光绪仙居县志》记载,十三都曾修建应垓堰、卢家堰、上陈堰、下扇堰。其中,上陈堰、下山堰皆在尚仁村周遭,前者主要引水灌溉尚仁村东的土地,后者主要引水灌溉尚仁村北韦羌溪对岸的下扇垟土地,共计 400 余亩。在

村落肌理

传统种植方面，尚仁村以种植水稻、麦子为主，兼种玉米、番薯等杂粮。为此，从农业经济的收入来讲，旧时的尚仁村由于地仄人满，人均耕地少，少有巨富之家。

村落南面靠山，仅有一条白龙线作为对外交通路线，村庄北面有十三都坑穿村而过。该村位于神仙居天柱峰脚下，属于山地村庄，周边多为农田或山体。尚仁村村南为韦羌溪的同名山——韦羌山。韦羌山是仙居境内的名山，传为天姥所居。南朝孙诜著《临海记》曾记载："韦羌山，此众山之最高者。上有石壁，刊字如蝌蚪。晋义熙初，周廷尉为郡，造飞梯，以蜡摹之，然莫识其义。"自古以来，韦羌山便多神异之事。宋代的《太平御览·卷四十七》曾记录，韦羌山"上有石室户牖。春月，樵者闻箫鼓笛吹之声耳"。《光绪仙居县志》记载，韦羌山的主峰天柱岩，"俗传有莲瓣自顶坠落"。这座天柱岩位于尚仁村东南，海拔904米，如一柄利剑，独柱擎天，直冲云霄。村入口道路两边青山碧水，风光旖旎。韦羌山还出产野生的香菇（合蕈）。自宋代以来，全浙出产的野生香菇就数仙居韦羌山的最为有名。

尚仁村传统建筑多数位于村中心位置，由于地势较为平坦，村内建筑体量较大，且多采用三透九门堂、四合院的建筑形式。

至今，尚仁村仍保留箍桶、礼佛、木窗雕刻等传统文化技艺。箍桶作为一种传统技艺，在历史上采用师傅授艺、徒弟拜师学艺的师徒模式传承。礼佛是自福善庵建庵始，每逢庵中大小佛事法会，便有佛乐活动。福善庵建于清同治七年（1868），至今香火还十分旺盛。木窗雕刻较注重局部雕饰与整体建筑间的和谐，尚仁村的木窗雕刻繁简得宜，恰到好处，小件装饰细巧精美，大件装饰堂皇大气，可谓雕工精细，美轮美奂。

周边环境

建筑形式

传统
建筑

尚仁村传统建筑调查表

编号索引	建筑名称	建筑规模	建筑年代	材料与结构形式
1	大园屋民居	2662	清	砖石
2	上宅民居	1489	清	砖石
3	下透民居	5015	清	砖石
4	上透民居	4582	清	砖石
5	上园民居	3818	清	砖石
6	新屋堂	1662	清	砖石
7	格山民居 1	402	清	砖土
8	格山民居 2	3374	清	砖土
9	坎头沿民居 1	366	清	砖石
10	坎头沿民居 2	781	清	砖石
11	坎头沿民居 3	1380	清	砖石
12	里岙民居 1	1097	清	砖石
13	里岙民居 2	276	清	砖木
14	里岙民居 3	352	清	砖木

仙居
民俗

抓石子

抓石子是一项儿童游戏。它起始的年代已无从考证,但在淡竹民间流行至今,特别是山区孩子常以此来度过闲暇时间。

游戏规则很简单,即用五粒直径 1~1.5 厘米的石子,完成四套动作。第一套:将其中一粒往空中抛,手抓地上四粒,如此类推,抓完为止。第二套:将石子往空中抛一粒,用手背接住,第二粒也往空中抛,也用手背接住。第三套:将一粒石子往上抛,一手在地上抓另一粒,抓起来后又放回原处。第四套:把五粒石子丢在地上,用小指在两粒石子的中间一划,然后用大拇指一弹,碰着另一粒石子。抓石子是一种锻炼方法,要求快、准,可多人比赛。

规则:石子往空中抛,接不住为输;一连四套动作全部做完为赢。

花灯锣鼓

自明清时期起,每逢元宵节、婚丧喜庆等,淡竹乡都会有花灯锣鼓伴随着各项演奏。演奏的曲目按不同的灯种来敲打,如"鼓亭"敲打、"龙灯"敲打、"跳狮子"敲打等。由于敲打的方法不同,其音韵亦各异。淡竹的花灯锣鼓的演奏技巧代代相传,一直延续至今。

淡竹的花灯锣鼓分为三种表演:一是鼓亭灯演奏;二是跳狮子演奏;三是龙灯、十二生肖灯及其他的婚丧喜庆演奏。鼓亭灯的演奏主要以鼓为主,其中一个人敲鼓,另配有大锣、京锣、苏锣、小锣、大钹、小钹、吊铮等,共有十四人,每人各执一器,按鼓声节拍演奏。跳狮子的演奏以锣为主,狮子潜伏时,锣声低沉,随着狮子的起舞,锣声也高昂起来,与舞狮表演配合得天衣无缝。龙灯、十二生肖灯及其他的婚丧喜庆的演奏是以鼓声为指挥,其他随鼓声来变化节奏,并以节拍整齐、锣声刹音准为佳。其敲打是按三、五、七的节拍,配慢板散打。

所需乐器有大鼓、小鼓、笃答鼓、大锣、京锣、苏锣、小锣、大钹、小钹、吊铮。

所需道具有鼓亭架、鼓棒、锣槌。

代表曲目有鼓亭敲的三、五、七、九（指锣鼓合敲），狮子敲的慢五、快五（锣鼓重敲），其他的慢板三、五、七等散打。

淡竹花灯锣鼓是一种流动性的表演，由老一辈传新一辈，代代相传。现今，表演时既有八十多岁的老翁，又有年轻力壮的青年，演奏人数颇多。

25

"诗意栖居"公盂村

公盂村坐落在风景名胜公盂景区内，位于浙江省仙居县西北部，属仙居县田市镇管辖。该村处于公盂景区的核心所在地，也是公盂景区的重要组成部分。它东邻淡竹乡林坑村，西与苍山村相连，南与柯思西平村接壤，北与前坑村毗邻。全村林木覆盖率高达 98%，四季鲜花盛开，具有冬暖夏凉的气候特点。

公盂村是仙居典型的山地村落。该村四面奇峰环绕，岩崖峰冈变化万千，以奇谲著称，峰顶海拔 1000 米左右；村庄在被山峰围成的一个小小的盆地内，海拔高度约 600 米。《光绪仙居县志》曾记录了公盂周边的一些地理胜景。如公盂岭，上"有千丈岩，甚峻，凿石攀缘而过"；又如石龙洞，"其山自公盂岭而来。有石如龙，从洞中凌空而下，尾自岩缝卷出，头至地忽昂然而起，两角峥嵘，鳞甲宛然。"村庄至今仍未通车，只能通过山石古道对外连接，因此保持了原生态的自然村落环境。村落周边分布着众多形态各异的奇石，较为著名的有石林、火剑岩、公盂岩、西湾岩、旗杆岩及独柱擎天等。

此外，在公盂村还会常常看到缭绕的云海、如画的梯田和清澈的龙潭。公盂为火山熔岩地貌，岩体裸露，岩质坚硬，极适合攀岩。全村的经济收入主要来自旅游业。

范氏早在南宋时期就居住于公盂村，他们开山种地，后有柯氏、陈氏、朱氏迁居于此，到清乾隆年间，又有李氏、张氏迁入，村庄的规模也随着人口的迁入而逐渐扩大。唐代时，柯氏因公盂环境清幽、景色宜人、地处深山少受打扰而从柯思迁入公盂村，后因兄弟分家，逐渐形成了上平村和下平村。

公盂村在公盂岩旁，四周群山环绕，一条山涧绕村而过。村庄至今仍旧保

整体风貌

云海

持着清代时的格局，建筑的形态以四合院为主，村庄整体风貌保存得较为完整。清康熙三十一年（1692），刑部侍郎冯苏先生曾游景星岩、孤盂岩诸峰。他日间观赏石龙喷水奇境，夜里登台望月东升，逗留半月有余。他赞叹许多县府山水之美，仙居称最，仙居又推景星、孤盂诸峰为奇异。现已发现其关于仙居的著述有一文一记。文有“身抱月归，一柱擎天，蛟龙欲飞，竹源如澜”之说；他的著述《江右竹源记》对公盂村的旅游业发展起到了巨大的推动作用。

在民间传统技艺方面，范富贵是仙居田市区域的镂雕艺术家代表之一。他刀法圆熟，作品图案取材丰富，造型设计既有唐宋风格，又融入现代艺术风味，简朴丰满、神韵绵长，具有较高的审美、实用价值。仙居石窗雕刻文化具有深厚和广泛的影响，明清时其产品不但用于仙居地区，还远销沪杭、瓯闽等地；仙居石窗雕刻艺术已被评为浙江省非物质文化遗产。

蒸笼制作早在清代初期就流传到仙居，由于蒸笼是人们逢年过节做馒头的必备炊具，烹调宴席、风味小吃炊制都离不开它，故世代相传。随着社会发展和科技进步，其需用量加大。目前已由半机械化制作代替原来的纯手工制作。

在民歌方面，公盂村的《十梳头歌》拥有较长的历史。这首民歌会在春节、庙会、迎娶等喜庆活动中表演，表演者多为妇女，可多人合唱，也可独唱，且不受场地、时间、服饰等条件的限制，除二胡、铜钿鞭外，不需其他乐器伴奏。

四合院立面

建筑细部

传统
建筑

公盂村传统建筑调查表

编号索引	建筑名称	建筑规模	建筑年代	材料与结构形式
1	上平四合院	500	明清	砖木
2	夯土木制民居	130	元	砖木
3	三透九门堂	1800	元	砖木
4	下平四合院	590	元	砖木
5	下平夯土民居	550	明清	砖土

村落文化

村落文学

《江右竹源记序》

康熙三十一年岁在壬申冬月，余卸刑部任南归，以山水为乐，闻名山之胜，惟永安称最，偕友往游。返舍许久，思岙山水之美、亲亲之情挥之不去，故作竹源小记一。

《江右竹源记》

仙邑西南蔚然而深秀者，景星、孤盂诸峰。山折路回，下临小溪，岸畔生竹树，中间芳草，郁郁流翠。踩石过溪，徐行数百步，林未尽，忽逢二崖对峙，锁谷扼流。崖壁劈鸟道，偏躯奕奕而过，浩浩乎，盆地存焉。路侧丘壑向隅，续植斑湘、楠墨之属。清风徐来，摇曳如澜，日光横天，一碧千里。

环山胜迹云堆：寿云捧日、保障流霞、云洞风霖、广寒仙音、石潭九味、玉霄泻流、仙女挽舟、狸猫戏锣、双笋朝天、太虚方池。掐不胜屈，冠绝诸州，逐次往观，历旬月，不得暇矣。丁水之阳，土地平旷，阡陌交通；浅陵低丘之上，佳果美芹熙熙。小桥、茅舍、池塘、斗石、老樟、亭榭，莺鸭栖止，幼猿长啼，相映相衬，意趣天成。村落屋宇，山环水抱，或连排，或宅院，顶草披竹，三五成群，凭赖那曲折、断续的一管闾巷，串合俨然。始祖祠、魁星阁、揽秀楼、永安庵、旗杆坊，一一备矣。往来男女，衣着朴净，人情习俗异于外人。草居粝食，宠辱不惊，吟南山之曲，歌高山流水，欣欣然而自乐。春晖柯公，扳辕止宿，悉出鸡酒相待。席间云：为避元时乱，太公敬仲率妻携子来此岙里，至今繁衍四世，户逾千百。遗命广植竹，勤耕读，勉自思，庄号柯思。又言修宗谱，乏人作序，余欣然允答。问之丹丘诗画，诗比摩诘逸，画高与可道，时称三绝，大都纸贵诸情事，绝少与闻。越明日，里人闻讯，咸来邀约，壶浆、腊肉作食。盘桓旬日，合庄人口送出山口，相向良久，怆然而涕下。

噫！竹源与水天一色，亲谊共山川永垂。

冯苏

康熙三十一年冬月

廿四岚传说

廿四岚山庄底下不远的地方，有座王坟遗迹。遗迹坐西北朝东南，前方一马平川，远眺可见龙潜、木兰诸峰，后方层峦叠嶂，山峦簇拥，左环右抱，其状酷似交椅。山野之中，杂树生花，白鹭回翔，凤凰来仪，隐隐透出王霸之气、儒雅之风。遗迹西北稍远处，公盂岩、保将岩诸多悬崖林立，层次分明。偏南方山势稍平，然而峰峦绵延，折叠有姿，廿四道岭（俗称廿四把刀枪）历历在目，真是人才辈出的宝地。

据说，很早以前，有一个风水先生探寻到这里，很快发现了"金交椅"这块宝地。他自知自己无福消受，就把这场所提供给庄主，说："这块坟地造下后要出皇帝。不过我的眼睛会瞎掉，你们要供养我一辈子，并在新皇出世后，赐我'无冕安乐王'，子孙世袭才好。"庄主听后万分高兴，一一应承下来。庄主择下吉日良辰，迁移祖坟至此。风水先生在坟前喝山："先出将后出皇，风水先生两眼塘。"同时，他郑重嘱咐庄主在坟前开掘一口池塘，塘中整日放养鹅与鸭，并且塘水要保持混沌不清。不久，风水先生的眼睛果然瞎了。

在此后的日子里，起初，庄主对风水先生的生活照顾得十分周到，冬棉夏绸，三餐茶饭一日一变样，但日子一长，庄主对风水先生的照料就淡薄多了。老庄主过世后，风水先生被迁进柴房居住，一十二年光景，饮食日渐粗劣，有一餐没一餐的，甚至还遭受百般凌辱咒骂。风水先生骨瘦如柴，精疲气馁，眼看活不下去了，便心生一计。他先唆使顽童放跑塘水，挑逗家人逐日捕杀鸭鹅，待鸭尽塘干时，又唆使侍儿扶他到坟前，突然重新喝山："先出皇后出将，风水先生眼睛亮。"俟后不久，风水先生视力恢复，于一天夜里出走了。话说老庄主营造坟墓后，大儿媳妇怀胎一年有余，突一日，天上祥云罩庄，在一派仙音仙乐中，产下一子。其子果然不凡，眉清目秀，耳轮垂肩，两手过膝，嗓门宏大，三岁能吟诗，七岁即成文，天文地理无所不晓，大有王者风范。其束发之时，随从就有二十四位。谁料两年以后，其中二十二位随从相继死去，剩下一位木匠、一位作竹篾的，呆呆痴痴的，十八岁的后生势单力薄。一日，其从县城游学回来，走到鬼溪林滩时，只见后面杀声震天。太白金星在云头高喊："旧皇杀新皇，新皇赶快变，变大如泰山，变细若粟米，待过三年后，新将来保皇。"可是其懵懵懂懂，眼见滩溪上一群牛羊，就把自己变成了一头白花牛，混进牛群。追兵赶上来，不见了前面的后生，只见一群牛羊散落四处奔跑觅食，就命放牛娃领走自己的牛羊，单剩下一头白花牛没人要，牛的眼眶里仿佛还滚动着泪水。追兵赶忙把牛斩杀了，牛一倒地，现出了人的尸身。

这些追兵从何处来的？原来是京兵会同台州府兵，共计五万人马，前来捕杀新皇。十八年前的一天，皇帝正与大臣们在金殿商谈国事，忽然瞧见东南上空有五色祥云升了起来，国师掐指一算，立即奏请皇帝："草王将降生于东南，十八年后要争王。"东南一带山川秀丽，人口稠密，搜寻一个名不见经传的人物谈何容易！皇上用千里镜一照，但廿四岅坟塘中池水十分混浊，根本照不出来。年复一年，眼看着新皇争位时日快要到来，皇帝心如火燎。这一日，皇帝又命侍臣抬出千里镜来观察，不料，江南山川如洗，廿四岅庄头分外清晰，内有一个小伙器宇不凡，隐约透出龙冠衣带。皇帝赶紧派大将军庞元带兵前往仙居追捕。新皇被杀时候，剩下的两员保王大将，一个正在给人家做三脚马，一个正在做团箕，得知主子被杀，一个骑着木马，一个挟着团箕，飞到公孟岩和保将岩上隐藏了起来。

仙居民俗

《十节梳头歌》

1. 历史沿革

在唐代以前，人们读书的机会少，却在生活中积累做人做事的道理，这些道理以山歌的形式流传，填补文化生活的匮乏。《十节梳头歌》也是在这种情况下形成的，在农村代代流传，没有文字记载。仙居吴冬玉女士在十五岁时便与同龄女孩合唱，并在春节、庙会、婚庆等时表演。此后，她还将此歌传授给其他妇女。

2. 乐器、道具及服饰

二胡、铜钿鞭。服饰无特殊要求。

3. 传承状况

《十节梳头歌》为松散性流传，不组班组团演出，主要是在喜庆时的一种抒情演唱，目前，年轻人很少参与，只有年纪较大的妇女还在演唱。

4. 相关活动

《十节梳头歌》主要在庙会活动中演艺，庙会时，四面八方的妇女聚集在一起求神、烧香、拜佛，之后便会边舞边唱《十节梳头歌》之类的山歌。喜庆婚嫁时，有些活跃的妇女也常常结伴演唱《十节梳头歌》。

26

“临溪石窗”垟墺村

垟墺村位于仙居绿道以及永安溪边，四周景色优美，其中垟岙自然村共有271户、558人。据《光绪仙居县志》记载，垟墺村村史可追溯到宋代。村中老人传言，很久以前，垟墺西边的山坳里住着一户羊姓人家，因此，后来郑氏迁居此地时，将此地称为垟墺。到了明清时期，垟墺人口增多，部分到水口山村前溪村居住。

垟墺村在发展农业方面似乎有着天然的优势。其村位于东溪、永安溪交汇的三角地带，灌溉比较便利。据村内的老人口述，垟墺村到了清代晚期曾有粮田几千亩，田市至横溪、官路、步路等地都有垟墺村村民的良田，有几家大户每年可收到田租三百担。

垟墺村东面群山环绕，且山丘地貌独特，村庄面临着永安溪，景色优美，绿道沿着永安溪经过村庄，使得垟墺更加富有生态气息。垟墺村周边分布着形态各异的自然景观，包括大力士的三叠岩，其为三块石头叠一起，极其罕见。在永安溪的风景中，“跳跳马”则是一个独特的景观。长城岗是一条通往山上的道路，在到达垟墺村古村的地方刚好形成一个环线，沿着山体的最高峰有一些古道。

村落中建筑按建筑材质不同，可分为土质建筑和木质建筑。村中古建筑的数量不多。通过实地考察，垟墺自然村现有清代建筑古宅三座共一百多间房屋，马头墙为其主体结构，其中一座有八个马头，风格独特，工艺讲究，较为罕见。古民居四周墙壁、石窗雕花风格多样，制作精细。据村民说，它们每扇窗的样式均不相同，这是垟墺村最大的特色，也是村民们对该村的传统建筑较为自豪的一件事。垟塅村古建筑整体比较丰富，只是在古建筑群的中心位置出现了一幢现代建筑，便显得有些突兀。

虽然村中的古建筑不多，但村中还分布着很多传统的要素，有承先书院、古树、古墓、古碑及峰尖寺等。宋开宝八年（975）郑氏、赵氏创建兴化院，俗呼"郭坦寺"，直至民国时期都属垟塅郑氏管理。垟塅村的古墓为石头垒砌而成，据说已有一千多年的历史，具体时间现已无法考证。

至今，垟塅村仍保留有纺纱、石雕、编制草鞋及制作麻糍等技艺。纺纱

村落肌理

整体风貌

技艺是该村突出的手工技艺之一。据说该种技艺起源于周代，时至今日，纺纱已经从年轻人们的视野中淡出，但那些年长的村民大多还拥有这份技艺。石雕技艺也是垟塈村的一大特色，这种工艺始于清道光年间，距今已有190多年的历史。

垟塈村已被评为"卷地龙"龙舞依存村落。该表演需靠村民集体参与才能进行，且已被评为台州市级非物质文化遗产。而关于垟塈村的"跳跳马"，则有一段神奇传说。相传，宋代末期，金人侵略中原，康王抵抗不住，逃到河边，却不能渡河。这时，一匹马突然从庙里跳出，康王骑上马安全渡河，一到河对岸，马就变成了一堆泥。赵氏为了纪念此事，发明了"跳跳马"马灯。

村落文化底蕴深厚，历代出过不少进士、将领等，其中最著名的人物是辛亥革命烈士郑万枝。郑万枝曾带领垟塈村村民武装抗清，参加白竹起义、解放南京等重大战役，并在辛亥革命史上留下了光辉的一页。为此，郑万枝受到辛亥革命领袖孙中山先生的赞赏。

传统建筑

垟塈村传统建筑调查表

编号索引	建筑名称	建筑规模	建筑年代	材料与结构形式
1	下坎	1108	清	砖木
2	上坎	792	清	砖木
3	新屋里	810	清	木制
4	承先书院	573	清	木制
5	古戏台	507	清	砖石

仙居
民俗

"卷地龙"龙舞

1. 历史沿革

龙的国度，龙的传人，龙舞在中华大地上源远流长。据《光绪仙居县志》记载，仙居垟墺村独特的龙舞——"卷地龙"龙舞起始于清顺治、康熙时期。传说当时水口山村村民郑贤台，因渴望过上安居乐业的日子，在村头立殿，早晚设祭，祈求上降祥龙以平定天下。后人怀念他爱国之心，扮"九节龙"来告慰英灵。清光绪年间，龙舞才以灯舞形式出现。1933年，郑小部将单龙舞扩展为双龙舞。双龙的龙舞艺术除需单龙的基本功外，又创设了"鲤鱼蹦滩""鱼鳞背"等高超舞蹈动作。一雌一雄，刚柔相济，让龙舞分外亮丽。近年来，"卷地龙"在重大庆典活动中频繁地"舞动"在台州市的大地上，成为家喻户晓的"吉祥龙"。

2. 表演内容、形式及特点

每当"卷地龙"进村，村民们先在村口放鞭炮、置福礼（用牛、猪、羊等作为福礼）祭奠，随后舞龙绕村一周，再向东南西北方各舞一圈，表示向四海龙王朝贺。"卷地龙"龙舞规模宏大（一般要60人参与），气势不凡。在锣鼓队演奏的欢快音乐中，两面"白牌"在前面引路，两颗龙嘴灯导引两龙（由18人撑持）从容进入活动广场，由其左右和后面36面龙旗簇拥着。两龙各随龙灯反向绕场一周后，开始表演"二龙戏珠""双开门""双关门""翻江倒海""喜降春雨""二龙钻洞""内外拥抱""二龙抱珠"等阵式。白牌、龙旗一般位列"卷地龙"的四周，偶尔穿插行为增添龙威。其中的"翻江倒海"招式，龙腹紧贴地面，卷动幅度特别大，造成千钧声势。龙舞中，龙身、白牌、龙嘴灯、龙旗有主有从，配合紧密；阵式繁简不一，但是环环相扣，变化多端。龙舞临近结束，两龙身躯互相拥抱，龙头高挺，似在放声高歌，让表演气势更为恢宏。最后，舞龙往后畅游两周，以示龙腾云驾雾飞回天庭。

3. 服饰、道具

道具：2条黄龙，或一黄一绿双龙。龙嘴灯1对、龙旗（红色、绿色）36面、白牌2面。

服饰：60余套武打服装，上穿对襟黄布衫，下穿灯笼裤，颜色分为红、绿两色，均镶黄边。

乐器：锣鼓乐器1套，二胡、唢呐等若干，也可配备其他大型乐器。

4. 主要困难

第一，龙舞艺人队伍老化，缺少新生代舞蹈人员。第二，经费短缺。

27

"龙潭古蜂"朱家岸村

朱家岸村是朱溪镇行政村，位于朱溪镇东南方向约 4.6 千米的山林区域。村庄户籍人口 600 人，村域面积 55 亩，是一个山地村庄。根据《朱氏族谱》的记载，朱家岸村的朱氏历史最早能追溯到清光绪年间，之前为金氏居民居住的地方。村内古街古巷皆保留得较为完整，传说当年朱溪镇本村朱氏十八世二房先祖从朱溪镇迁至此定居。

村落在选址方面基本上符合着"负阴抱阳，背山面水"的观念。村落位于狮子头山体之南、朱家岸坑水系之北，正南面的山体为鸡笼山，西南与东南方向分别分布着石壁岩与扑船山，村落四面重山围合，前面溪水川流而过，形成了基本的建筑格局。朱溪镇多山地，从镇区至朱家岸村周边多为陡峭山体，沿朱家岸坑水系的村道是通往村庄的唯一道路。朱家岸村位于朱家岸坑溪河谷位置，河流往村庄东西两个方向延伸，北靠山体，南面为一处山坳，有少量耕地。沿朱家岸坑往东，山体更为陡峭高耸。

朱家岸村因处山地河谷位置，村庄沿河岸边的缓坡而建，因而较完整地保留了传统建筑，为典型的台地式村庄。朱家岸村庄建筑主要沿朱家岸坑北侧缓坡形成三层台地。村庄建筑坐南朝北，沿溪岸东西向铺开，形成一层台地，后一排建筑建于高一层的山坡，形成第二层台地，一共三排建筑，形成三层台地，为典型的坡地村庄肌理。

村里的传统文化资源较丰富，主要有古树、古道、古桥、土地庙及龙王庙（用于祭拜祈福），另外还有一些明代屯兵所用的石洞等。村庄中一处龙潭位于村庄东面 1.6 千米的山坳脚。龙潭是一处古水口，位于村庄东北方向。水从高耸的峭壁上倾泻而下，形成瀑布，瀑布底久而形成深不见底的水潭。古时，因村民无法测出其深浅，断定有龙在此水潭中，所以把它称作龙潭。

朱家岸村建筑整体以石砌或石砌与青砖混合立面的民居建筑为主，没有马头墙式的构造，这样的建筑风格显得比较质朴。少数建筑为合院，院内的廊、门、木窗有木结构装饰，这些均是具有仙居特色的建筑。而村落内部街巷多保留石块铺就的步行道路，它们主要是建筑前入户道路，或建筑两侧高度差较大的坡道。因此，这里有很浓郁的传统山地村落的味道。

在建筑类型方面，村庄西面的民居是青砖与石砌混合立面的三透九门堂建筑；朱家岸村地处深山，难得可见比较完整的三透九门堂形制的建筑。其余的建筑类型有石砌的三合院形式的民居，"一"字形的土夯民居，猪栏、牛栏、储仓等一些居民生产所用的建筑。

村庄内石砌建筑所用石块都是就地取材，从村前的朱家岸坑所取的石块色彩丰富，砌成的立面便呈现色彩斑斓的面貌，极富特色。村庄内植被非常丰富，许多建筑院落内、围墙上布满绿色植物，使整个村庄显得生机勃勃。

现保留的建筑细部最为完好的是村庄西面的三透九门堂合院建筑。建筑内部廊柱环绕，木结构保存较好，细部有雕刻狮子、花卉等精美的牛腿、雀替，虽不及平原地区村庄雕刻丰富，但就地理位置而言，也实属难得。铺地面的石块较大，没有平原地区所建门

周边环境

街巷空间

建筑形式

堂的地面那么细致。村中部分建筑除了天井内的道路有铺地外，沿廊下走廊地面也铺了一圈石子，这种装饰方式尚属少见。外墙保留了带有简单石刻的门台，部分建筑带有比较小的马头墙。

祭祀活动中所用的请龙的龙经是金氏所留，其具体内容如下："一朝天门开，二朝不无上坛来，三朝江河千里浪，四朝万顺起龙风，五朝王雷钻地洞，六朝霹雳进乾坤，七朝七七心头安，八朝雾露满山尖，九朝九九江坛坐，十朝朝你龙王快快上坛来。"此外，还有送龙的龙经："龙随王，龙水清；龙如王，清如金；万年经咒大字悲，没法经咒无上坛。"

朱家岸村较偏僻，村民在生活中的所有需求尚无法全部满足，与周边的山区村庄一样，村民保持着每月固定时间赶往朱溪镇区集市补充生活与生产用品的传统习俗。朱家岸村为仙居长寿文化村，居民普遍长寿，出过很多长寿老人。现村庄内就有数位百岁以上老人，八九十岁的老人达数十位。村庄荣获仙居县所颁发的"十大长寿村"称号。此外，村内特色文化为祭龙文化，特色产业为土蜂养殖产业。

传统建筑

朱家岸村传统建筑调查表

编号索引	建筑名称	建筑规模	建筑年代	材料与结构形式
1	一号建筑	3096	清初	砖石
2	二号建筑	676	清末	砖石
3	三号建筑	820	清初	砖石
4	四号建筑	794	清末	砖石
5	五号建筑	404	20世纪50—60年代	砖石
6	六号建筑	366	民国初	砖石
7	七号建筑	452	清末	砖石
8	八号建筑	892	清	砖石
9	九号建筑	613	20世纪50—60年代	砖木

村落文化

祭龙传说

朱家岸村流传着一个关于祭龙起源的传说：曾经村民一晒稻谷，天就下雨，而一收稻谷，天又放晴，反反复复。村民认为是与村前朱溪港上游数里远处一个龙潭孔里的龙王有关系。因此，全村的人准备猪头、豆腐、白酒等祭祀品，在天黑后进行祭龙来祈求风调雨顺，之后就形成了这个祭龙的习俗。

祭祀活动由村中德高望重者念请龙的龙经，以求龙王显灵之后，村民会祈福求雨、求风调雨顺等，最后念送龙的龙经。

仙居民俗

豆腐制作技艺

1. 历史沿革

仙居豆腐制作的历史悠久。仙居豆腐为卤水豆腐，口感细腻、嫩滑，味道鲜美。仙居的豆腐制作者遍布江南的城市、乡村，他们以辛勤的劳动、独特的技艺、优良的产品赢得了良好的口碑。仙居豆腐制作入选第三批《浙江省非物质文化遗产名录》。

2. 工艺特征

仙居豆腐能这样广受欢迎，关键在于它原料的特殊、工具的特殊和工艺的特殊这三大特殊性。原料特殊分三方面：一是水的选择，水必取优质井水或山泉水；二是豆的选择，豆必选当地的大豆——六月白，因为六月白颗大饱满、豆味香浓、出浆率高；三是打浆剂的选择，使用新鲜的盐卤为打浆剂，这使仙居豆腐更具特殊的风味。豆的磨制工具为仙居本地出产的青釉石石磨。青釉石石质坚硬、结构细密，使用青釉石石磨磨出的豆浆特别细滑。

3. 工艺流程

仙居传统的豆腐制作工艺为纯手工制作，过程可分为拣、砑、浸、磨、沥、煮、捞、打、裹、翻十道工序。

4. 种类

豆腐有很多的系列制品：豆腐皮、豆腐锅巴、豆浆、豆腐脑、油泡（别的地方称油豆腐）、豆腐干（一般有熏制与卤制两种）、千张、霉豆腐等。仙居本地著名的豆腐制作方式有大片豆腐烧法、豆腐圆烧法、做羹烧法等，还有青菜豆腐等二十多道著名的仙居菜肴。

28

"缺水怕水"西亚村

西亚村位于浙江省仙居县埠头镇东部，现村域面积 1.56 公顷，户籍人口765 人，常住人口 784 人。目前，西亚村村民收入主要来自务工、务农以及外出经商，当地的特色农产品主要为毛芋、杨梅、元胡以及贝母等。

西亚村在清代以前便有人聚居，后周氏迁居于此，修建房屋，建立村庄。西亚村原名西水村。由于该村处于两河交汇低洼地带，每遇洪水，便会冲毁近半村庄。村民为求平安，于是去掉"水"字的右半部分，改村名"西水"为"西氵（读 ya）"。大概在七八年前，因"氵"字难以检索，才改为"亚"。此外，该村村民身份证上的家庭住址一栏中仍录入为"西氵村"。

据记载，周氏最早源于周文王一脉，西亚村的周氏起源于现温州北部野狐村，唐代时为躲灾乱，被逼向南搬迁，先至瑞安、永嘉、桐林方山，后迁至今址。西亚村的周氏至今传承二十八代有余。

该村选址总体呈现"择水而居，背山面水，傍田而建"的理念。因此，西亚村南临永安溪，与皤滩古镇隔江而望；西靠九都港，遥望响石山景区；东北挨着大片农田，农田后为牛轭山森林公园，山上建

村落肌理

有西亚村牛轭殿。整体上可谓是山环水绕，环境优美。

村中至今还有许多传统的历史资源，如古盐埠、古渠、古碑、古井和古树等。古盐埠是古代水陆交运的场所，供来往人员暂时休憩之用。古时台州沿海的盐要运往金华、江西等内地往往是水陆交运，先通过永安溪运到仙居埠头、皤滩等地，然后通过陆路往西经苍岭古道而至目的地。由于西亚村紧挨永安溪和皤滩，其优越的地理位置促成了盐埠的形成。

村内古渠引自九都港，贯穿村庄中部，以供村民生产生活用水。村内还遗留着几口古井，基本上解决了村内饮水的问题。村内的古碑记载了明代抗倭将领戚继光及其部下的英勇事迹。村内的古树大多存在于牛轭山，且树种丰富，自然成荫。村内路网和水网纵横交错，四通八达，连接着各处。除部分石路小道外，村庄内部大部分道路都已是水泥路。这虽然方便了行人，却缺少了古时的街巷氛围。

村内建筑主要呈自由式布局，沿着道路组成"一"字形、L形和"回"字形。建筑群落整体上呈南北朝向，有时略有倾斜。村内保存的传统建筑分布较为集中，具有明清时期典型的江南民居风格，是仙居传统民居的代表。现所见大部分传统民居均建于晚清，多由周氏及王氏族人建造。该村现有4处整体结构保存完整的四合院建筑，外部以石砌或砖砌为主，内部多为木结构。其中一处为

周边环境

整体风貌

两进式四合院，是中华人民共和国成立前周氏所造。该四合院至今依然保留着十分精美的斗拱、门楣、石雕等。除四合院外，村庄其他建筑大多以"一"字形布局为主，主要是一些普通民居和生产性用房。普通民居以石墙木结构为主，生产性用房则是夯土垒成的。村内还有一处庙宇，名为牛轭殿，是为纪念明代抗倭将领戚继光及其部下、祈愿其保护当地百姓永享平安而修建。由于牛轭殿建成时代较为久远，并经过多次修葺（上次修葺为 20 世纪 90 年代初期），未能保留旧时的风貌。

西亚村传统建筑建造工艺精致，现存传统建筑多为大家族的居住场所，马头墙、窗花、门罩、门楣、斗拱、雀替都相当漂亮，展现出当地独特的建筑文化和艺术造诣。其中，马头墙以三叠雀尾马头墙为主，并与错落有致的门罩形成统一的整体。在门罩之下则是用石材打造的门框，上面刻着简单的花纹，显得朴实而厚重。由于西亚村与皤滩村隔溪而望，受皤滩村石窗雕刻技艺影响，西亚村的外部石窗也是形态多变，或方或圆，或图或字，蕴含着不同的寓意。建筑内部斗拱、牛腿、梁等也是花样繁多，牛腿上雕刻着不同的走兽、戏曲图案，斗拱或单或连、或大或小，梁也有"一"字形的和月牙形的；内部门窗等也顺应着这些特点，以达到统一。但由于气候及人为等的影响，一些建筑的木构件损坏严重，甚至出现破损，急需修缮和保护。

西亚村除了流传着村名的传说、牛轭殿建设的传说以外，还有族谱中记载的村中的名人、大事、族规等内容。此外，村中还传承着做麻糍、麦饼、仙居八大碗等传统的食品制作技艺，舞板龙、结纸等传统的手工技艺。每当过年过节，西亚村村民都会做一些当地的美食与家人一起享用。在元宵节前后，村民们会一起舞龙。

建筑形式

传统
建筑

西亚村传统建筑调查表

编号索引	建筑名称	建筑规模	建筑年代	材料与结构形式
1	石板门堂民居	1035	清同治	砖石
2	石子门堂民居	3590	清同治	砖石
3	石砌屋民居	906	清末	砖石
4	民居1	156	清末（20世纪90年代翻新）	砖石
5	民居2	35	民国	砖石
6	民居3	530	清末	砖石
7	民居4	574	清同治	砖石
8	民居5	202	清末	砖土
9	牛轭殿庙宇	200	清末（20世纪90年代翻新）	砖石

民间
传说

牛轭殿重建记

明嘉靖四十年（1561），倭寇入侵仙居。他们盘踞在西亚村东北山岙，四处烧杀掳掠，百姓深受其害。戚继光将军闻讯，即率部讨伐。先锋张禄直捣倭巢，因众寡悬殊，退守牛轭山，浴血奋战，最后壮烈牺牲。戚将军继至合围歼敌，倭患卒平。民众缅怀忠魂，劈山建殿，以示纪念。殿经明、清、民国而不倒，后毁于"文化大革命"时期。今逢盛世，百废俱兴，全村倡议恢复此历史遗迹，并增辟公园供人瞻仰游憩。殿宇既成，蒙著名书法家余明、沈定港欣然题字"山光水色生辉"。目前有关戚继光在此地抗倭的故事仍在流传，老人常会讲此事给孩子们听。

仙居
民俗

白天鹅剪纸工艺

1. 历史沿革

祖传，具体时间无从考证。

2. 工艺流程（含技艺口诀）

①白纸 600 张，每张长 10 厘米，宽 5 厘米。

②先对折，再从中间对折一次，以中间线为准，两边 45°对折，多出三角形部分，折回来呈三角形。

③先结穿身子，第 1 圈 32 个，5 层，整个圈分四等分。

④再做头，需 20 个三角形。

⑤尾巴需 200 个三角形，根据形状穿插。

⑥最后做翅膀，每翅 200 个三角形，根据形状穿插。

3. 传承状况

由于该工艺制作周期较长，又没有实质性的经济效益，都是靠兴趣传承下来，所以传承的情况一般，村里只有几个人会在闲时制作。

29

"一颗杨梅"西炉村

西炉村地处浙江省台州市仙居县步路乡西部，距仙居县城大约8千米。村域面积1.4平方千米，村庄占地面积328亩。全村分为西炉和明圣寺2个自然村，分10个生产小组，共有410户，户籍人口1478人，常住人口1000人，有党员29名。全村有耕地面积590亩，以种植水稻为主，山林地以种植杨梅、枇杷为主。

西炉村起源于乐安郑氏，其为汉代安远侯吉公后裔，至今已传二十四代、一千多年的历史。一千多年来，西炉村祖孙勤劳勇敢、忠诚俭朴、聪明智慧，人才层出不穷。特别是当代，西炉杨梅出口到法国、俄罗斯等国家，扬名海外。

西炉村依永安溪畔梅山（狮子山）临水（三眼漭）面官帽山（朱雀山），是典型的生态型传统村落，根据地形地势，石头屋、泥屋、木屋等错落有致，村落拥有独特的山水风光以及传统建筑。西炉村位于青山绿水之间，风景秀美，

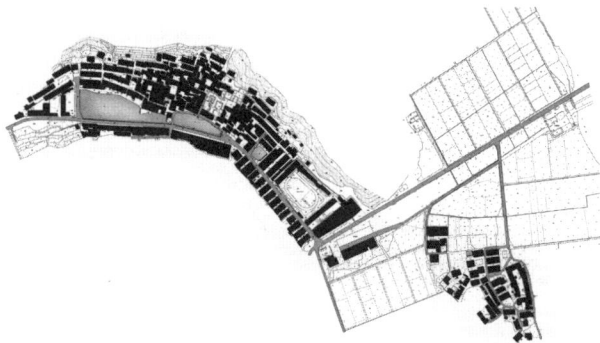

村落肌理

景色宜人，处于休闲谷景区入口处。终年不息的永安溪在村落北侧，潺潺流水向人们诉说那悠远的故事。步东线将村落分为几个区块，两岸周边房屋众多。明圣寺自然村有一处天然形成的山体景观，令人叹为观止。

　　早在 1985 年，该村就立足于山地资源优势，确立了"高山远山森林山，近山矮山花果山"的发展思路，对全村的近山矮山进行了统一规划，分户种植，村组扶持发展杨梅产业。截至目前，全村杨梅种植面积达到 2350 亩，人均收入达到 4000 多元，成为远近闻名的杨梅种植专业村、致富村。该村杨梅品种主要以荸荠和东槐为主，荸荠种在 6 月中旬上市，东槐种在 6 月 25 日左右上市。西炉杨梅以果大、汁多、味甜赢得海内外顾客的好评，也称"仙梅"。

整体风貌

近几年来，该村加强了村庄改造，成为仙居县首批生态村，同时建成了杨梅观光果园等，供游客游玩。离村不到 1 千米处就是仙居著名的国家级旅游名胜区永安溪，景区附近农家乐、宾馆、饭店林立，吃住十分方便。

西炉村建筑整体以砖石材料为主。它有丰富的马头墙构造、石刻雕花等，院内的廊、门、木窗都有精美的木结构装饰，是具有江南风格的仙居特色建筑。

至今，该村落仍有杨柳青调、古医术、西炉板龙、狮子洞传说、仙居县杨梅节、草席编织工艺、竹工技艺及农具制作技艺等传统文化。杨柳青调诞生于清末，距今已有一百多年的历史。西炉板龙起源于唐宋年间，至今已有近千年历史。由于人们对龙的崇敬、信仰，许多村庄过年过节时都要请西炉板龙队前去表演，西炉板龙队每年正月均按惯例自行巡演。

建筑形式

传统
建筑

西炉村传统建筑调查表

编号索引	建筑名称	建筑规模	建筑年代	材料与结构形式
1	堂屋前民居	946	清	砖木
2	西炉民居1	1100	清	砖木
3	西炉民居2	1470	清	砖木
4	西炉民居3	1430	清	砖石
5	西炉民居4	435	清	砖木
6	西炉民居5	867	清	砖木
7	西炉民居6	296	清	砖木
8	明圣寺民居1	737	清	砖石
9	明圣寺民居2	918	清	石砌
10	明圣寺民居3	806	清	砖木
11	明圣寺民居4	985	清	砖石
12	明圣寺民居5	464	清	砖木

村落
文化

狮子洞神佛护救山大王——金满

清光绪五年（1879），金满在临海起义，率十八弟兄入桐坑立寨，出没于山涧，劫富济贫，树起了"平心大王"旗，并得到了百姓的爱戴和拥护。清光绪七年（1881）二月初，清千余官兵围剿起义军，金满见形势危急，趁大雾弥漫，突围仙居，逃到步路乡湖山村的狮子洞；同年，官兵追击到狮子洞。没有防备的 30 余名起义军被困在洞中，眼看将会被全歼。金满摆上天地桌，点上蜡烛向天地神佛求拜。念完之后，天上突然乌云密布，大雾弥漫，下起倾盆大雨。金满随即率人连夜逃走，起义军全部安全脱险。自此，狮子洞的故事流传世间。

仙居
民俗

杨柳青调

1. 起义沿革
杨柳青调起源约在清末，距今有一百多年历史，准确起始日期无从查证。

2. 演出曲目
《兰贞盘夫》选段、《花名宝卷》《送花名楼会》。

3. 声腔与流派
民间小调。

4. 服饰道具
参与人数一般为 5 人以上，10 人以上更好，以集中表演为佳，但也可独唱。多人表演时，服装必须统一。

5. 伴奏乐器
司鼓、京锣等。

6. 传统演出场所
有无戏台均可。

7. 传承情况
随着文化水平的提高，群众的观赏要求也相对提高，地方小戏、唱曲受到了严重冲击，杨柳青调也不例外。

参考文献
REFERENCES

住房和城乡建设部,文化部,国家文物局,等.关于开展传统村落调查的通知(建村〔2012〕58 号).2012.

住房和城乡建设部,文化部,国家文物局,等.关于印发《传统村落评价认定指标体系(试行)》的通知(建村〔2012〕125 号).2012.

陈志华,李秋香.楠溪江上游古村落.石家庄:河北教育出版社,2004.

陈志华.婺源.北京:清华大学出版社,2010.

浙江省住房与城乡建设厅.留住乡愁:中国传统村落浙江图经:第一卷.杭州:浙江摄影出版社,2016.

浙江省住房与城乡建设厅.留住乡愁:中国传统村落浙江图经:第二卷.杭州:浙江摄影出版社,2018.

冯骥才.中国传统村落立档调查田野手册.北京:文化艺术出版社,2014.

吴志刚,吴维龙.台州古村落.北京:中国文史出版社,2013.

约翰·布林克霍夫·杰克逊.发现乡土景观.俞孔坚,陈义勇,莫琳,等,译.北京:商务印书馆,2015.

阿摩斯·拉普卜特.宅形与文化.常青,徐菁,李颖春,等,译.北京:中国建筑工业出版社,2007.

阿摩斯·拉普卜特.建成环境的意义——非语言表达方法.黄兰谷,译.北京:中国建筑工业出版社,2003.

闵英,曹维琼.重构传统村落文化保护与发展的文本意识.贵州社会科学,2016(11):76-83.

王维,耿欣.耕读文化与古村落空间意象的功能表达.山东社会科学,2013(7):77-80.

朱贻庭.解码"慈孝文化".道德与文明,2009(3): 36-38.

商爱玲,彭雪容.慈孝文化与社会治理.克拉玛依学刊,2016(1): 10-15.

蔡志荣.民俗文化的当代价值.西北民族研究,2012(1): 208-211.

廖国强,关磊.文化·生态文化·民族生态文化.云南民族大学学报(哲学社会科学版),2011(7): 43-49.

董琳.宗教文化中空间的符号表征与实践.北京:中央民族大学,2013.

仙居县山下村.板桥方氏宗谱.

仙居县九思村.柯氏宗谱.

仙居县上王村.秀溪王氏宗谱.

仙居县苍岭坑村.苍川戴氏宗谱.

仙居县四都村.四都陈氏宗谱.

仙居县枫树桥村.周氏宗谱.

仙居县李宅村.李氏宗谱.

仙居县白岩下村.乐安徐氏宗谱.

仙居县上岙村.杨府家谱.

仙居县十都英村.邑西张氏宗谱.

仙居县朱溪村.朱氏宗谱.

仙居县大战索村.管山安洲李氏宗谱.

仙居县羊棚头村.乐安成氏宗谱.

仙居县羊棚头村.章安王氏宗谱.

仙居县祖庙村.乐安徐氏宗谱.

仙居县上江垟村.邑西张氏宗谱.

仙居县溪头村.新坊沈氏宗谱.

仙居县油溪村.吴氏西宅宗谱.

仙居县垟墺村.乐安郑氏宗谱.

仙居县朱家岸村.朱氏宗谱.

仙居县西亚村.周氏宗谱.